A Spanish Reader

Inca Safari

Aubrey Smith-Carter

Addison-Wesley Publishing Company
Reading, Massachusetts • Menlo Park, California
New York • Don Mills, Ontario • Wokingham, England
Amsterdam • Bonn • Sydney • Singapore • Tokyo
Madrid • San Juan • Paris • Seoul, Korea • Milan
Mexico City • Taipei, Taiwan

Inca Safari

Credits and Acknowledgments for illustrative material in *Inca Safari*:

The author and publisher are grateful to the following for permission to
reproduce the photographs that appear at the openings of chapters:
Chapter 1: Photograph by Bryan Cheney; Chapter 2: Photograph by Susan
Einstein © 1993 Fowler Museum of Cultural History, University of California, Los
Angeles; Chapter 3: Photograph by Jean Carton; Chapters 4 and 5:
Photographs by Nancy Roberts; Chapter 6: Photograph by Ted McDonald;
Chapter 7: Photograph courtesy The University Museum, University of
Pennsylvania, Philadelphia, Neg. # S4-140880; Chapter 8: Photograph
courtesy The University Museum, University of Pennsylvania, Philadelphia;
Neg. # S5-36713; Chapter 11: Photograph by MaxUhle, courtesy The University
Museum, University of Pennsylvania, Philadelphia, Neg. # G5-18588; Chapter
13: Photograph by Virginia Ferraro, courtesy D. Donne Bryant Photography;
Chapter 14: Photograph by National Air Photograph Service of Peru, courtesy
The University Museum, University of Pennsylvania, Neg. # S4-139895;
Chapter 15: Photograph by Michael Moseley courtesy Anthro-Photo File;
Chapter 16: Photograph courtesy The University Museum, University of
Pennsylvania, Philadelphia, neg. # G4-27268; Chapter 17: Photograph by
William Farabee, courtesy The University Museum, University of Pennsylvania,
Philadelphia, Neg. # S4-141554; Chapter 18: Photograph by Jean Carton;
Chapter 19: Photograph by Sally Walker; Chapter 20: Photograph by William
Farabee, courtesy The University Museum, University of Pennsylvania,
Philadelphia, Neg. # NC 35-25274, 9A; Chapter 22: Photograph by Doug
Bryant, courtesy D. Donne Bryant Photography; Chapter 23: Photograph
courtesy The Bettmann Archive. Chapter 24: Photograph by Virginia Ferraro,
courtesy D. Donne Bryant Photography.

The illustrations that appear at the opening of Chapters 9, 10, and 12 are by
Yao Zen Liu.

Executive editor: Lyn McLean
Development editor: Barbara Thayer
Production editor: Liza Pleva
Text design: NSG/Kevin Kall
Text design adaptation: Curt Belshe
Cover design: Joseph De Pinho
Cover illustration: Lloyd P. Birmingham

ISBN: 0-8013-0400-8

2 3 4 5 6 7 8 9 10-DOC-99 98 97 96 95

Dedication and Acknowledgments

This book is dedicated to my safari travelers who helped carve paths through the jungle: Katherine, Mike, Peter, Maggie, Sam, Lily, David, Paul, Lee, Marline, Craig, Zachry, Aline, Andrea, Carter, Sarah, and Marie.

With great appreciation and admiration, the author wishes to acknowledge the invaluable help of the following people: Dr. Izumi Shimada, archaeologist at the Peabody Museum, Harvard; Dr. James Vreeland, anthropologist, University of Texas and Chiclayo, Perú; Cultural Survival, Cambridge. Excellent bibliographical research was done by Angela De Vecchi while Ed Siegfried calmed my computer-hysteria. Marisol Maura (*la intrépida profesora*) and Jackie McClellan were expert consultants. Lyn McLean's excellent evaluation of each adventure in *Inca Safari* was much appreciated. Ana Colbert, colleague at Milton Academy and linguistic expert, applied her talents to the final editing of the manuscript. And a special *¡Olé!* to colleague Leo Maza who inspired an excitement for learning in hundreds of Milton Academy students and led them on paths to excellence.

The following students from Milton Academy signed up for the Inca Safari: Ben Rosen (Paco); Nicole Shalhoub (Juana); Ohene Asare (Brad); Gen Groom (Sheila); Jake Fisch (Jorge); and Kornelia Wong (Mei Ling). John and Rosalia Rosen, parents of Ben (Paco), gave permission to search for mummies in Peru to their son in Chapter 1. Schedule conflicts prevented Raj Gade, Christina Vonziegesar, Doreen Ho and Kirsten Swiniarski from joining the group of adventurers.

Aubrey Smith-Carter is a writer, teacher, and lecturer who has lived and traveled extensively in Mexico, Latin America, and Europe. Her fascination with archaeology and anthropology is revealed dramatically in her adventure stories which are based on her own experiences. She is also the author of *Mayan Safari*, (Longman, 1992)

Aubrey taught all levels of Spanish at Milton Academy, Milton, Massachusetts, for many years. She lives in San Antonio, Texas.

Foreword

Paco, with his teacher and classmates, sets off through the land of the Incas on a safari like the one I made twenty years ago—up the Amazon, over the Andes, and down the coastal desert of South America—in search of *las legendarias momias del Perú antiguo.* This enchanting quest for Spanish-language mastery brings us, like conquistadors five hundred years before, face to face with ancient Peru's fascinating history, enshrouded in layers of fact and fancy.

Our journey reveals the secrets of a highly sophisticated pre-Columbian world that had evolved independently from European civilization—and in perfect harmony with one of the most diverse natural environments in the world. The Incas, like those native Andean societies that preceded them, were experts in farming, fishing, and herding flocks of alpacas and llamas over high mountain terrain. Using both wool and cotton fibers, they developed one of the finest weaving traditions in the ancient New World. Many fabrics were woven solely as funerary offerings, to wrap mummies.

Making mummies, like weaving, was an art in itself. Mummies were, after all, elaborately constructed artifacts in Inca society, which fervently believed in the afterlife and in mummies that could actually participate in the rituals of the living. Swathed in richly embroidered fabrics, mummified bodies of Indian nobles were often consulted in times of trouble, fed and clothed during important festivals, and occasionally even carried with great pomp and circumstance to the edges of the great, open Inca town plazas to *hacer sus necesidades! ¿Increíble, no?*

When Pizarro and his small band of ramshackle soldiers overthrew the Inca king at Cajamarca in 1531, the course of American culture and history was radically changed. That's why people speak both Spanish and Quechua, the Inca language, in Peru today. Soon after they stormed the Inca capital at Cuzco, the Spanish rounded up and burned many royal mummy bundles, in an effort to destroy the power of these embalmed bodies over the lives of their descendants.

In 1560, long before Egyptian pharaohs were put on public display in Cairo's Museum of Archaeology, curious Europeans had already been lining up in Lima's San Andrés Hospital to view several of the last few marvelously preserved mummies of Peru's legendary Inca rulers.

So pack your *diccionario y diario*—exciting new words and a wealth of wisdom highlight the text and accompanying illustrations. After following Paco and the intrepid Doctora Maura's footsteps, I feel like I've just relived many of my own adventures as a youth, in search of *las momias reales,* on this engaging Spanish-language safari. *Vámonos—¡Paco y las momias nos esperan!*

Chiclayo, Peru
March, 1994

James Vreeland

Contents

Introducción

El Perú es la tierra del oro, las momias y la magia. Es el país misterioso que vamos a visitar en SAFARI INCA.

El Perú está dividido en tres regiones distintas. La costa oeste que da al Océano Pacífico, es un desierto largo y estrecho; mide 1,500 millas de largo y por sólo 40 millas de ancho. La parte central es la famosa cordillera de los Andes, en donde algunos picos exceden los 18,000 pies de altura. En la cuenca del Amazonas donde empieza la selva tropical viven varios millones de indígenas aislados en un mundo misterioso. Cazan con cerbatanas, arcos y flechas y practican rituales místicos en honor de dioses poderosos que gobiernan la vida.

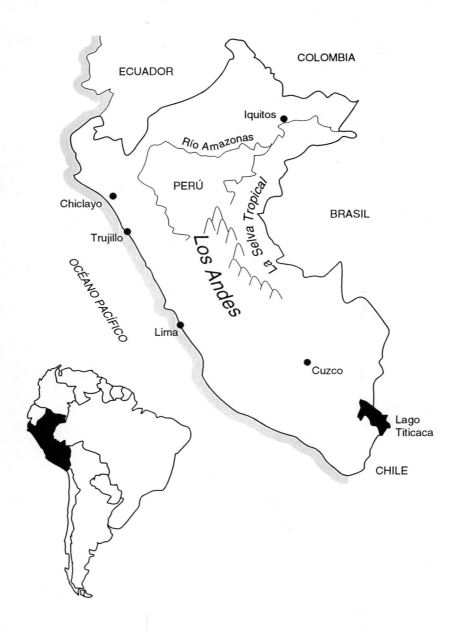

CAPÍTULO 1

¡A la aventura!

Antes de leer

¿Te gusta viajar? ¿Te gustan las aventuras fantásticas?
¿Listo(a)? ¡VAMOS AL PERÚ!

¡A la aventura!

"¡Mamá! ¡Papá!" dice Paco.

"¿Puedo ir al Perú con mi profesora de español durante las vacaciones de verano? Ella quiere sacar fotos de las momias[1] peruanas que acaban de desenterrar[2] en el valle
5 Lambayeque en la costa norte."

"¡Momias! Paco, ¡qué miedo![3] Tú sabes que el Perú tiene una historia turbulenta. ¿No es un viaje peligroso?" le pregunta su mamá un poco alarmada.

"¡Ay, mamá! Somos seis estudiantes en el grupo.
10 Además[4], no vamos solos. Va nuestra líder, la intrépida doctora Maura. Con su ayuda, podemos evitar[5] cualquier situación peligrosa."

Paco está muy entusiasmado pensando en su aventura en el Perú, el corazón del mundo misterioso de los incas.

---

1 momias: *mummies*
2 desenterrar: *to unearth*
3 ¡qué miedo!: *how scary!*

4 Además: *Moreover*
5 evitar: *to avoid*

Actividades

A. ¿A, b, c o d? Escojan la letra correcta.

1. **Durante** (línea 2) probably means
   - **a.** after
   - **b.** before
   - **c.** during
   - **d.** daring

2. **Acaban de** (línea 4) probably means
   - **a.** they are going to
   - **b.** they will be
   - **c.** they have just
   - **d.** they are not

3. If **desenterrar** means to unearth (línea 4), **enterrar** probably means
   - **a.** to dig
   - **b.** to avoid
   - **c.** to take out
   - **d.** to bury

B. Preguntas. Contesten las preguntas oralmente o por escrito.

1. ¿A quiénes les habla Paco?
2. ¿Qué quiere hacer Paco?
3. ¿Dónde están las momias?
4. ¿Cuántos estudiantes hay en el grupo?
5. ¿Quién va a ir con los estudiantes?

C. ¿Sí o no? Escriban **sí** si la frase es verdadera según el cuento. Si la frase es falsa, escriban **no** y vuelvan a escribir la frase correctamente.

Ejemplo: Paco quiere ir al Perú con su mamá.

No, Paco quiere ir al Perú con su profesora de español.

1. La doctora Maura va a sacar fotos de los estudiantes.

   _____

2. El corazón de la civilización inca está en la Argentina.

   _____

3. Acaban de desenterrar las momias del río Amazonas.

   _____

4. Los ocho estudiantes van a evitar las situaciones alegres.

   _____

5. ¡Qué triste está Paco al pensar en su viaje al Perú!

   _____

D. ¡Un desafío! (*Challenge!*) Escojan un mapa de Sudamérica. Túrnense con sus compañeros(as).

1. Apunten al Perú con la mano izquierda y a la capital, Lima, con la mano derecha.
2. Identifiquen Iquitos y el río Marañón con el pulgar derecho y a las montañas Andes con el pulgar izquierdo.
3. Con el codo derecho apunten al valle Lambayeque en la costa norte (¡donde hay muchas MOMIAS!).
4. Con el codo izquierdo, localicen el lago Titicaca en la frontera de Bolivia. Después, con el pulgar izquierdo, apunten a Cuzco y a Machu Picchu, la ciudad perdida de los incas.

CAPÍTULO 2

Las fotos curiosas

Antes de leer

¿Qué sabes del Perú?

Las fotos curiosas

"Paco, hijo," responde su papá. "Si nos prometes[1] tener mucho cuidado, tu mamá y yo te vamos a dar permiso para viajar al Perú."

"Puede ser una experiencia inolvidable[2]," añade su
5 mamá valerosamente, aunque un poco preocupada.

Paco sonríe. En la mano tiene dos fotos curiosas. Una es de una cabeza de oro, recientemente descubierta en una tumba. La otra es de un grupo de indios, casi desnudos[3], con las caras pintadas, cazando con arcos y
10 flechas[4] en la selva amazónica.

¡Paco y sus amigos no tienen la menor idea de las increíbles aventuras que les esperan!

---

1 prometes: *you promise*   3 desnudos: *naked*
2 inolvidable: *unforgettable*   4 arcos y flechas: *bows and arrows*

Actividades

A. ¿A, b o c? Escojan la letra correcta.

1. **Tener cuidado** (líneas 1 y 2) probably means
   a. to be curious   **b.** to be quick   **c.** to be careful
2. **Recientemente** (línea 7) probably means
   a. rapidly   **b.** restlessly   **c.** recently
3. **Menor** (línea 11) probably means
   a. youngest   **b.** most   **c.** least
4. **Pintadas** (línea 9) probably means
   a. dirty   **b.** angry   **c.** painted

B. Preguntas. Contesten las preguntas oralmente o por escrito.

1. ¿Qué debe prometerles Paco a sus padres?
2. ¿Qué añade la mamá de Paco?
3. ¿Por qué sonríe Paco?
4. ¿Qué muestran las fotos?
5. ¿Qué les espera Paco y sus amigos?

C. Cosas de que hablar. (*Things to talk about.*) En grupos pequeños, discutan los temas.

1. **¡Imagínense!** Ustedes van al Perú. ¿Están nerviosos(as), ilusionados(as)? ¿Cómo reaccionan sus padres al viaje? ¿Qué van a llevar?
2. **¡Un viaje inolvidable!** ¿Qué consideran "un viaje inolvidable"?

D. Repaso. Al repasar la información en la introducción, lean las siguientes frases y hagan un círculo alrededor de la respuesta correcta. Comparen las respuestas con sus compañeros(as).

1. La costa oeste del Perú es
   a. montañosa   **b.** árida   **c.** tropical
2. Los Andes están en
   a. la costa este   **b.** la parte central **c.** el oeste
3. En la cuenca del Amazonas hay
   a. un desierto   **b.** montañas   **c.** selvas

Pepita de oro

Secretly at night, grave robbers search for treasures in ancient tombs. In 1987 they broke into a Moche pyramid on the northern coast of Peru and looted one of the richest burial chambers ever found, that of the Lord of Sipán. Among the many spectacular finds was a human head of pure gold with eyes of silver and pupils of lapis lazuli.

The Moche were skilled craftsmen who excelled in three-dimensional sculpture in clay and metal, particularly gold and silver. The famous Sipán tomb, which our adventurers will visit, yielded some of the most superb treasures yet discovered in the New World.

Archaeologists have traced the human occupation of the arid Peruvian coastal zone from around 10,000 B.C. through the development and fall of many civilizations which flourished before the arrival of the Spaniards in the sixteenth century.

CAPÍTULO 3

Pachac

Antes de leer

🎧 En este capítulo, vas a conocer a una familia india que vive en lo alto de los Andes, sin agua potable y sin electricidad. ¿Puedes vivir como ellos?

Pachac

En una pobre choza, en un pueblito en lo alto[1] de los Andes, nace[2] un bebé. La casita es de piedra[3], con techo de paja. No tiene ventanas. Una manta cubre la entrada.

"¡PELIGRO! ¡CUIDADO! ¡VIENE UNA GRAN
5 TORMENTA!" exclama preocupado el padre a su esposa. Ella, con el bebé en los brazos, lo mira asustada.

El cielo está oscuro. La lluvia[4], los relámpagos[5] y los truenos[6] atacan la casita y aterrorizan a la familia.

10 El padre toma al bebé de los brazos de su mujer y sale corriendo de la choza.

En un arroyo[7] cerca, baña al niñito tiernamente. De repente, un rayo cae en una piedra junto al[8] arroyo. El padre, con los ojos fijos[9] en el cielo, exclama:

15 "¡Gracias, Dios del Sol! El rayo es una señal[10] segura de que este bebé va a hacer grandes cosas por su país."

El bebé se llama Pachac.

---

1 en lo alto: *high*
2 nace: *is born*
3 piedra: *rock*
4 lluvia: *rain*
5 relámpagos: *lightning*

6 truenos: *thunder*
7 arroyo: *brook*
8 junto a: *next to*
9 fijos: *fixed*
10 señal: *sign*

Actividades

A. ¿A, b o c? Escojan la letra correcta.

1. Una **choza** (línea 1) es una
   a. tormenta   **b.** manta   **c.** casa
2. El **techo** (línea 2) es de
   a. piedra   **b.** paja   **c.** ventana
3. Una **manta** (línea 3) cubre
   a. la entrada   **b.** las ventanas   **c.** la piedra
4. La tormenta **aterroriza** (línea 9)
   a. al padre   **b.** a la familia   **c.** al centro
5. El padre **baña** al bebé (línea 12)
   a. en una piedra   **b.** en la choza   **c.** en un arroyo

B. Preguntas. Contesten las preguntas oralmente o por escrito.

1. ¿Dónde nace el bebé?
2. ¿Cómo es la casita?
3. ¿Hace buen tiempo?
4. ¿Adónde va corriendo el padre?
5. ¿Cuál es el significado del rayo?
6. ¿En qué parte del Perú está la casa de Pachac?

C. ¿Qué pasó? (*What happened?*) En grupos pequeños, discutan lo que pasa en este capítulo. Usen estas frases del cuento.

| una pobre choza | un rayo | el Dios del Sol |
| una tormenta | el padre | el arroyo |

Pepita de oro

Pachac has inherited a famous Inca name. The great Inca ruler, Pachacutec, has been compared to Alexander the Great and Genghis Khan because through conquest, he expanded the Inca empire greatly. When his son Tupac Yupanqui ascended to power, the empire continued to grow dramatically. By the time Columbus arrived in the Americas, the Inca empire extended from Ecuador to south of Santiago, Chile.

CAPÍTULO 4

Los aventureros

Antes de leer

Al pensar en Sudamérica, ¿qué se te ocurre? ¿Cuántos países distintos hay? ¿Qué idiomas se hablan?

Los aventureros

Al día siguiente, en la clase de español, la vivaz doctora Maura les dice a los estudiantes en voz alta:

"Necesito aventureros. ¿Quiénes quieren ir al Perú conmigo?"

5 Con gritos de entusiasmo, Paco y varios estudiantes levantan la mano.

"¡Muy bien! Pues, el departamento de español va a escoger a seis de ustedes que van a acompañarme. Pero tengo que advertirles[1]. El viaje va a ser muy emocionante 10 y lleno de aventuras. Podemos encontrar situaciones totalmente inesperadas[2]. Queremos encontrar momias, seguir las huellas[3] de los indios y volver sanos y salvos a casa para poder contar nuestras experiencias. Todos los días ustedes van a realizar tareas[4] muy difíciles. ¿Están 15 preparados para esto?"

"Sí. Le prometemos hacer el trabajo y divertirnos en cada situación."

Los estudiantes se miran y sonríen misteriosamente.

---

1 advertirles: *to warn you*   3 huellas: *tracks*
2 inesperadas: *unexpected*   4 tareas: *tasks*

Actividades

A. ¿A, b o c? Escojan la letra correcta.

  1. Siguiente (línea 1) probably means
    a. last   **b.** preceding   **c.** following

  2. En voz alta (línea 2) probably means
    a. in a whisper   **b.** in a loud voice   **c.** with a sigh

3. Seguir (línea 12) probably means

    a. to follow   **b.** to see   **c.** to abandon

4. A synonym for **realizar** (línea 14) is

    a. to have   **b.** to do   **c.** to follow

5. Sonríen (línea 18) probably means

    a. they sigh   **b.** they smile   **c.** they cry

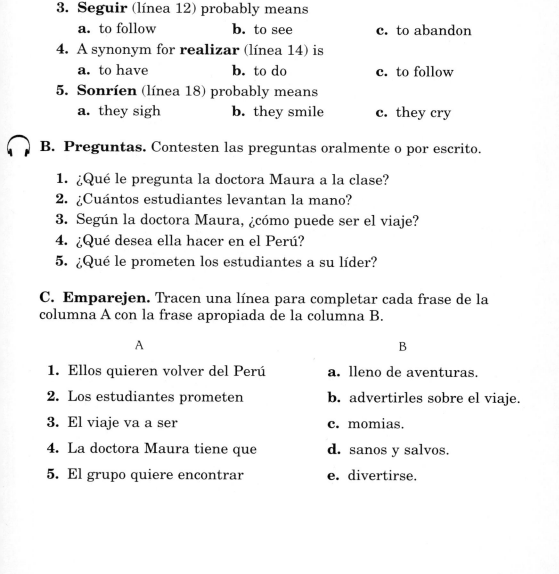

B. Preguntas. Contesten las preguntas oralmente o por escrito.

1. ¿Qué le pregunta la doctora Maura a la clase?

2. ¿Cuántos estudiantes levantan la mano?

3. Según la doctora Maura, ¿cómo puede ser el viaje?

4. ¿Qué desea ella hacer en el Perú?

5. ¿Qué le prometen los estudiantes a su líder?

C. Emparejen. Tracen una línea para completar cada frase de la columna A con la frase apropiada de la columna B.

A	B
1. Ellos quieren volver del Perú	**a.** lleno de aventuras.
2. Los estudiantes prometen	**b.** advertirles sobre el viaje.
3. El viaje va a ser	**c.** momias.
4. La doctora Maura tiene que	**d.** sanos y salvos.
5. El grupo quiere encontrar	**e.** divertirse.

D. En orden. Arreglen las palabras en frases completas.

1. cinco

   mano

   más

   Paco

   levantan

   y

   estudiantes

   la

2. tareas

   los

   días

   realizar

   a

   todos

   Van

3. prometen

   estudiantes

   divertirse

   Los

E. Investiguen. Los conquistadores. ¿Quiénes eran? ¿Por qué vinieron al Nuevo Mundo? ¿Qué trajeron de España? ¿Qué destruyeron?

CAPÍTULO 5

El aeropuerto

Antes de leer

¡Qué grupo de aventureros tan interesantes va en busca de las momias! Ahora están todos en el aeropuerto esperando su vuelo a Iquitos, Perú. ¿Te gusta ir en avión?

El aeropuerto

"¡Qué emocionante! ¡Todos estamos aquí y listos para aventuras inolvidables!" exclama la doctora Maura al contar los estudiantes que esperan el vuelo a Iquitos.

"¡Ay profesora! ¡Qué horror! ¿Dónde está mi pasaporte?" 5 grita Paco.

"Paco, ¡qué bárbaro! Aquí estamos a punto de subir al avión y tú no tienes tu pasaporte. ¿Eres bastante responsable para ir con nosotros?" le pregunta la jefa alarmada, dejando de pensar en las aventuras del Perú 10 que los esperan.

"No sé dónde está" responde Paco con voz agitada.

Todos los estudiantes lo ayudan. Lo buscan en las maletas, los abrigos, las mochilas[1], en las bolsas, en los asientos, en los baños, en la cafetería pero sin éxito.

15 "¡Qué lástima, Paco!" exclama Mei Ling.

"No vas a poder ir con nosotros." Ella está muy triste porque piensa que Paco es muy amable y guapo.

"Paco, ¿por qué estás cojeando[2]?" le interrumpe Jorge al mirar a su amigo que está casi loco de frustración.

20 "¡Ay Jorge! Mil gracias. Ahora recuerdo. Tengo mi pasaporte guardado en el zapato para no perderlo," responde Paco riéndose.

De repente, el altavoz anuncia, "El vuelo número 287 para Iquitos, Perú, está para abordar. Aborden todos, por 25 favor."

El grupo de estudiantes, con expresiones y voces llenas de anticipación, pasan por la Puerta 2 hacia una aventura que va a cambiar la vida de todos.

---

1 mochilas: *backpacks*   2 cojeando: *limping*

Actividades

A. ¿A, b o c? Escojan la letra correcta.

1. **Desconocido** probablemente quiere decir
   a. extraño   **b.** inexplorado   **c.** extranjero
2. **Quizás** probablemente quiere decir
   a. definido   **b.** cierto   **c.** tal vez
3. Cuando alguien está **cojeando** se usan
   a. las manos   **b.** la cabeza   **c.** los pies
4. El antónimo de **perdido** es
   a. buscado   **b.** podido   **c.** encontrado
5. El opuesto de **subir** es
   a. beber   **b.** bajar   **c.** saber

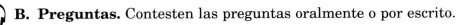

B. Preguntas. Contesten las preguntas oralmente o por escrito.

1. ¿En qué consiste el "grupo interesante"?
2. ¿En qué piensa la doctora Maura?
3. ¿Por qué Paco está agitado?
4. ¿Dónde lo buscan?
5. ¿Dónde encuentra Paco su pasaporte?

C. ¿Sí o no? Escriban **sí** si la frase es verdadera según el cuento. Si la frase es falsa, escriban **no** y vuelvan a escribir la frase correctamente.

1. Paco y sus amigos esperan un barco que va a Lima.

   _____

2. La doctora Maura baila y canta mientras espera el vuelo a Machu Picchu.

   _____

3. El pasaporte de Mei Ling está guardado en el avión.

   _____

D. Emparejen. Tracen una línea para emparejar cada exclamación de la columna A con la traducción apropiada de la columna B.

A.	B.
1. ¡Qué horror!	**a.** What a barbarity!
2. ¡Qué miedo!	**b.** What a pity!
3. ¡Qué bárbaro!	**c.** Here's hoping!
4. ¡Qué lástima!	**d.** How horrible!
5. ¡Ojalá!	**e.** How frightening!

Pepita de oro

South America, almost the size of the United States and Canada combined, is a land of incredible contrasts. Within its borders are the greatest continuous tropical rain forest in the world, the largest river, and the longest continuous mountain chain, the Andes. To the south are grasslands, glaciers, wild deserts, and the mysterious islands of cloud-drenched Tierra del Fuego. South American fauna and flora are among the richest in the world and in many ways, the most peculiar.

CAPÍTULO 6

Iquitos

Antes de leer

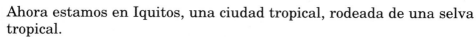

Ahora estamos en Iquitos, una ciudad tropical, rodeada de una selva tropical.

¿Qué sabes de las selvas tropicales?

¿En qué partes del mundo se encuentran?

¿Por qué es importante proteger las selvas tropicales?

Iquitos

"¡Iquitos! ¡Es un mundo diferente!" exclama Brad al ver la ciudad que parece un espejismo[1] flotando en el río Amazonas. A cada lado del río, hay casas rústicas construídas sobre balsas o pilotes para evitar las corrientes[2] e inundaciones[3].

"No sé cómo pueden vivir en casas que suben y bajan con las corrientes. Esto me hace sentir mareada[4]," dice Juana.

"Hay cuentos espantosos de los aventureros que llegaron[5] a Iquitos para extraer el caucho de la selva," dice Paco.

"Son reales. Esclavizaron[6] a los indios y al hacerse ricos, esos hombres trajeron[7] muchos lujos[8], muebles[9], arte y música a Iquitos para reproducir el estilo de vida europeo," comenta la doctora mientras mira con admiración unas casas grandes y lujosas, adornadas con azulejos[10] de colores brillantes.

"Qué contraste tan increíble entre la vida de los ricos y la de los pobres," dice Mei Ling.

"Lo siento mucho por los indios, pero a mí lo que me fascina es el río Amazonas," afirma Sheila.

"Vamos a explorarlo!"

"¡Sí, sí! ¡El Amazonas!" exclama Brad entusiasmado. "¡El río más grande del mundo!"

"¡Y lleno de peces carnívoros[11]!" añade Juana.

"Pues, vamos al Puerto Belén para buscar el barco que va a llevarnos a nuestro campamento en la profundidad de la misteriosa selva," sugiere la doctora Maura alegremente.

---

1 espejismo: *mirage*	7 trajeron: *brought*
2 corrientes: *tides*	8 lujos: *luxuries*
3 inundaciones: *floods*	9 muebles: *furniture*
4 mareada: *seasick*	10 azulejos: *tiles*
5 llegaron: *arrived*	11 carnívoros: *flesh-eating*
6 Esclavizaron: *They enslaved*	

Actividades

A. ¿A, b o c? Escojan la letra correcta.

1. Iquitos es una
   a. selva   **b.** ciudad   **c.** choza
2. Las casas están cubiertas de
   a. azulejos   **b.** gomeros   **c.** caucho
3. Los aventureros esclavizaron a
   a. los barcos   **b.** las casas rústicas   **c.** los indios
4. Paco y sus amigos van al Puerto Belén para
   a. bailar   **b.** alquilar un barco   **c.** ver a las chicas
5. Los estudiantes van a pasar la noche en
   a. el desierto   **b.** la selva   **c.** el puerto

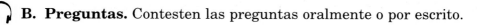

B. Preguntas. Contesten las preguntas oralmente o por escrito.

1. ¿Por qué es Iquitos "un mundo diferente"?
2. ¿Cómo hicieron[1] los aventureros su fortuna?
3. ¿Cómo imitaron[2] ellos el estilo de vida europeo?
4. ¿Qué le interesa más a Sheila?
5. ¿Qué van a hacer los estudiantes en Puerto Belén?

---

1 hicieron: *made*   2 imitaron: *imitated*

C. Asociación libre. (*Free association.*) ¿En qué piensan cuando ven las palabras y las frases siguientes? Trabajen con un/una compañero(a).

Ejemplo: Iquitos

Está rodeado de una selva tropical.

1. Las casas

_____

2. El caucho

_____

3. Los aventureros

_____

4. Los indios

_____

5. El Puerto Belén

_____

Pepita de oro

By the end of the nineteenth century, Iquitos was one of the great rubber boom-towns because the rubber barons had become fabulously rich from the sale of rubber extracted from the rubber trees (*gomeros*) by Indian slave labor.

To extract the latex from the *gomeros*, slant-wise incisions with a machete were made on the tree trunk and white, milky latex flowed immediately from the wounds into a metal chute which funneled the liquid into containers placed at the base of the tree trunk. After the tree had bled thoroughly, it was left to heal for two years. Not so lucky were the Indians who suffered enslavement, torture, disease, and death at the hands of the rubber barons. It was a time of *árboles sangrantes e indios sangrantes* (bleeding trees and bleeding Indians).

Por el río Amazonas

Antes de leer

 ¿Cuál es el río más grande que conoces?

"Pequepequepeque", el sonido[1] monótono del barco llena el aire. El grupo de estudiantes viaja en un barco que transporta pasajeros y mercancía a todas partes del río Amazonas.

5 Los "Pequepeques", como se llaman los camiones del río, debido al ruido del motor, son casi la única conexión con el mundo para algunos pueblitos aislados por la selva tropical.

"Qué conmoción! ¡Qué alegría!" exclama Juana al ver a
10 la multitud de personas que suben y bajan del barco. La gente lleva racimos de plátanos, cerditos[2], gallinas[3] o cestas[4] llenas de maíz y cebollas a las familias que esperan en el muelle[5]. Alrededor del muelle, a los lados del río, flotan las casitas rústicas de madera y palmeras,
15 rodeadas por los brazos verdes de la selva tropical.

"¡Es otro mundo!" exclama Paco.

"¡Qué vida tan exótica!" afirma Sheila, mirando con admiración las flores tropicales y los árboles altos, llenos de pájaros y monos ruidosos y mariposas[6] de muchos
20 colores.

"¿Estamos cerca del campamento?" le pregunta Jorge a la doctora Maura.

"Sí, Jorge. Vamos a pasar esta noche en hamacas, cubiertas con mosquiteros en el fondo de la densa selva,"
25 contesta ella.

"¡Miren los delfines[7] rosados!" les dice el barquero.

"¡Nos siguen! Tienen poderes mágicos. ¡Algo muy extraño puede pasar esta noche!"

---

1 sonido: *sound*
2 cerditos: *piglets*
3 gallinas: *hens*
4 cestas: *baskets*

5 muelle: *wharf*
6 mariposas: *butterflies*
7 delfines: *dolphins*

Actividades

A. ¿A, b o c? Escojan la letra correcta.

1. Si un "mosquito" es un insecto, un **mosquitero** es
   a. una persona
   b. una cosa para protección contra insectos
   c. un líquido

2. Si la palabra "barco" significa un medio de transportación, un **barquero** es
   a. un muelle
   b. el cargo
   c. un conductor del barco

B. Frases completas. Terminen las frases según el cuento.

1. Los barcos_____
2. Las casitas _____
3. Los pájaros _____
4. Los estudiantes _____
5. El barco_____
6. Los delfines _____

C. Preguntas. Contesten las preguntas oralmente o por escrito.

1. ¿Qué significa "pequepeque"?
2. ¿Qué transportan los barcos del río?
3. ¿Cómo están construidas las casas para evitar las inundaciones?
4. ¿Dónde van a pasar la noche los estudiantes?
5. ¿Qué dice el barquero y por qué?

D. ¿Cómo lo resuelve? Ustedes tienen un problema. Quieren hacer algo pero no saben cómo hacerlo. Escojan una de las siguientes preguntas y discutan algunas soluciones.

1. ¿Qué podemos hacer para investigar la vida de los indios que viven en las casas de madera y palma?
2. ¿Qué podemos hacer para viajar en un barco grande que vagabundea por el río Amazonas?

Pepita de oro

Dolphins are famous in folklore and mythology. They are supposedly able to transform themselves into handsome men, go ashore, and join a variety of celebrations. Moreover, they are the natural lifeguards of the Amazon, pushing drowning people to shore and removing fish trapped in gillnets.

CAPÍTULO 8

Los curanderos

Antes de leer

En este capítulo, encontramos a Pachac otra vez. Pachac es el niño que nace en una choza en los Andes durante una tormenta. ¿Puedes recordar la señal de que el bebé va a hacer grandes cosas?

"Los curanderos(as)" son sacerdotes o brujos(as) que tienen poderes mágicos para curar enfermedades. Ellos (o ellas) viajan por los campos dando hierbas o líquidos hechos de hojas especiales a personas enfermas.

5   En la profundidad de la selva, bajo los árboles gigantescos, un círculo de indios desnudos escucha atentamente al jefe, un curandero cuyo cuerpo está totalmente pintado con dibujos[1] negros y rojos. Un indio joven, serio, orgulloso y también pintado, está
10 cerca del jefe.

"Papá, ¿puedo participar en la ceremonia hoy?" le pregunta el joven.

"Hoy no, Pachac, pero presta[2] atención a todo lo que pasa. La medicina de la selva tiene mucho poder."
15 En voz baja e hipnótica, el anciano canta:

Nixi honi, parra[3] de sueños,
espíritu de la selva,
danos el sigilo[4] de la boa
la vista del halcón[5] y la lechuza[6].
20 la fuerza del jaguar, y la tranquilidad de la luna.
Almas gemelas[7], guíennos"[8].

Los indios repiten el canto y miran con toda atención al líquido de la olla que está a punto de hervir[9] sobre un fuego[10] pequeño. Hay una niebla[11] sobrenatural que cubre
25 las plantas, los árboles y las caras hipnotizadas de los indios.

Al final del ritual misterioso, los indios de repente desaparecen en la selva, sin dejar huella.

---

1 dibujos: *designs*
2 presta: *pay*
3 parra: *vine*
4 sigilo: *stealth*
5 halcón: *falcon*
6 lechuza: *owl*

7 almas gemelas: *kindred spirits*
8 guíennos: *guide us*
9 hervir: *to boil*
10 fuego: *fire*
11 niebla: *fog*

Actividades

A. ¿A, b o c? Escojan la letra correcta.

1. Un antónimo de **profundidad** es
   a. anchura   **b.** altura   **c.** fondo
2. **Participar** (línea 11) quiere decir
   a. evitar   **b.** tomar parte   **c.** notificar
3. Un sinónimo de **sigilo** (línea 18) es:
   a. en secreto   **b.** ruidoso   **c.** siguiente

 B. Preguntas. Contesten las preguntas oralmente o por escrito.

1. ¿Dónde se congregan los indios?
2. ¿Cómo es el jefe?
3. ¿Quién es el joven indio?
4. ¿Qué es "Nixi honi"?
5. ¿Qué canta el anciano?

C. Emparejen. Tracen una línea para completar cada frase de la columna A con la frase apropiada de la columna B.

A	B
1. Un grupo de indios	**a.** celebrar con su papá.
2. El anciano está	**b.** las cualidades de las aves y serpientes.
3. Pachac espera	**c.** pintado con dibujos.
4. Los indios quieren	**d.** participa en la ceremonia mística.

D. ¿Qué va a pasar? Usando sus imaginaciones, completen las frases siguientes.

1. Los indios están pintados porque _____

2. El líquido en la olla es para _____

3. Los espíritus de la selva pueden _____

Pepita de oro

Indigenous people are as integral a part of the forests as are the trees, animals, and rivers. There are many plants and vines in the rain forest whose curative powers have been known to the Indians for centuries. Some Indians believe that illness is caused by bad spirits, witchcraft spells, or soul loss. The *curandero* skillfully diagnoses the patient and then applies the appropriate remedies.

The Ayahuasca vine (*Nixi honi*) is often used in curing ceremonies or in foretelling the future. Known as the "vision vine" it is a powerful hallucinogen, with deadly consequences if misused.

CAPÍTULO 9

La selva

Antes de leer

¿Cómo es la noche en la selva tropical? ¿Es peligrosa la vida nocturna?
¿Qué sonidos y sensaciones hay?

Acostados en sus hamacas debajo de los mosquiteros, los estudiantes escuchan atentamente los sonidos misteriosos que llenan la oscuridad. Hace mucho calor. El aire está húmedo y fragante. La luna ilumina formas
5 extrañas entre los árboles.

"Los indios y los animales, acostumbrados a la oscuridad pueden vernos pero nosotros no podemos ver nada, ni a nadie escondido[1] en la selva," dice Brad, mirando con ternura[2] a Juana.

10 "No tengas miedo[3]," interrumpe Sheila.

"Vamos a dar un paseo por la selva para conocer la vida nocturna."

"¡Qué buena idea!" murmuran los otros.

"Pero no debemos despertar a la doctora Maura.
15 ¡Silencio todos!" dice Jorge en voz baja.

Con mucho cuidado, los estudiantes escapan de sus hamacas y con linternas[4] pequeñas caminan furtivamente en la selva, aplastando[5] los insectos que los atacan.

"¡Qué horror!" grita Sheila de repente, dando una
20 vuelta hacia el campamento. Los otros la siguen con miedo.

¡Cuatro pares[6] de ojos rojos brillan entre las hojas grandes! Un fuerte sonido de salpicaduras[7] llena el aire.

---

1 escondido: *hidden*
2 ternura: *tenderness*
3 No tengas miedo: *Don't be afraid*
4 linternas: *flashlights*

5 aplastando: *swatting*
6 pares: *pairs*
7 salpicaduras: splashes

Actividades

A. ¿A, b o c? Escojan la letra correcta.

1. Acostados en sus hamacas, los estudiantes están en
   a. el río **b.** el desierto **c.** el campamento
2. La luna ilumina
   a. formas curiosas **b.** indios hostiles **c.** las lechuzas
3. La selva nocturna tiene
   a. una vida escondida **b.** barcos **c.** turistas alegres

B. Preguntas. Contesten las preguntas oralmente o por escrito.

1. ¿Quiénes necesitan los mosquiteros? ¿Por qué?
2. ¿Qué tiempo hace?
3. ¿Quiénes miran al grupo de estudiantes desde la profundidad de la selva?
4. ¿Qué sugiere Sheila?
5. ¿Qué ven escondido en las hojas?
6. ¿Cómo responden los estudiantes?

C. Usen sus imaginaciones. En grupos pequeños, discutan las posibilidades.

¿De qué o de quiénes eran los ojos rojos?

Pepita de oro

South American flora and fauna are among the richest and most peculiar in the world.

The giant armadillo can be five feet long and weigh up to 100 pounds. Members of this species have almost 100 teeth, more than any other mammal. Despite their great size, they can stand on their hind legs and occasionally walk in this position.

Anteaters have no teeth (unlike their cousins the sloths and the armadillos). Their extremely long tongues are covered with a sticky saliva that picks up anything it touches.

The hoatzin bird has clawed wings and feet, can swim as well as fly, and is reminiscent of the first bird, Archaeopteryx, a reptile-like creature with a strong, musky body odor.

The anaconda is the spirit of the Amazon, haunting the dark swamps with eyes "as big as the full moon." The Indians believe that anyone swallowed by the spirit lives forever inside its body, unharmed. Some anacondas grow to about thirty-eight feet in length and can swallow a 150-pound animal!

There are 319 species of hummingbirds, most of them found only in South America. In Brazil, they are known as "flower-kissers."

CAPÍTULO 10

El viaje a Sipán

Antes de leer

🎧 Hoy empezamos el viaje a una tumba famosa, llena de tesoros, que se llama Sipán. Primero, vamos a tomar un barco ¡y Paco va a tener una experiencia inolvidable con pirañas! ¿Qué sabes de las pirañas? ¿Les tienes miedo?

"¡Despiértense[1] jóvenes!" anuncia la doctora Maura alegremente, al mover las hamacas de los estudiantes.

Los chicos están durmiendo como muertos después de sus aventuras de la noche anterior.

5 "Son las seis de la mañana y el barco va a salir en treinta minutos hacia el río Marañón. De allí podemos ir en avión a Chiclayo y la fabulosa tumba de los indios Moche, ¡Sipán! ¡Se dice que es tan rica como la tumba del Rey Tut!" exclama la profesora.

10 "Ay, doctora Maura. Estamos cansadísimos. No dormimos bien anoche."

La profesora sonríe.

"Si ustedes quieren explorar la selva a medianoche, naturalmente van a estar cansados. ¡Vámonos!"

15 Los estudiantes se miran sorprendidos[2] y se levantan inmediatamente para continuar el viaje.

Ya sentados en el barco otra vez, la doctora Maura explica con animación.

"Según los periódicos, la tumba de Sipán es el
20 descubrimiento más importante ocurrido en las Américas."

"Ay profesora, aún más importante va a ser el descubrimiento de una discoteca esta noche donde podemos aprender los bailes locales," dice Brad.

25 "¡Sí!" responden los otros.

Entusiasmado, Paco se levanta. De repente, el barco choca[3] con algo escondido en el agua y se oye un grito de alarma. Paco cae del barco.

"¡SOCORRO!" exclama Paco a gritos, forcejeando[4] en las
30 aguas peligrosas.

"Las pirañas siempre tienen hambre. ¡No quiero que me coman[5] de almuerzo!" grita Paco en voz alta.

Después de unos minutos espantosos y con la ayuda de los otros pasajeros, sale del agua.

35 De repente, una aleta[6] siniestra aparece cerca del barco. Paco y sus amigos la miran con expresión de horror.

---

1 Despiértense: *wake up*
2 sorprendidos: *surprised*
3 choca: *hits*
4 forcejeando: *struggling*
5 me coman: *they eat me*
6 aleta: *fin*

Actividades

A. Emparejen. Tracen una línea para emparejar cada pregunta de la columna A con la respuesta apropiada de la columna B.

A.

1. ¿Por qué duermen ustedes hasta tan tarde?

2. ¿Adónde va el barco?

3. ¿Cómo responden los estudiantes?

4. ¿Qué es Sipán?

5. ¿Qué desean comer las pirañas?

B.

a. Un descubrimiento extraordinario

b. Se miran sorprendidos.

c. A Paco

d. Estamos cansados.

e. Al río Marañón

B. Preguntas. Contesten las preguntas oralmente o por escrito.

1. ¿Quiénes duermen en las hamacas?
2. ¿Por qué despierta la doctora a los estudiantes?
3. ¿Por qué se miran sorprendidos los estudiantes?
4. ¿Qué plan tiene la jefa?
5. ¿Quién era el Rey Tut?
6. Al caer en el río, ¿por qué Paco tiene miedo?

C. ¿Cuál es la pregunta? Hagan preguntas para estas respuestas.

1. En la selva a medianoche.

   _____

2. Necesitamos linternas.

   _____

3. Sí, tengo mucho miedo.

   _____

4. Una tumba que parece la del Rey Tut.

   _____

5. El río Amazonas es peligroso.

   _____

Pepita de oro

South American fish are ancient, the majority belonging to groups already in existence when dinosaurs were disappearing. There are 2,500 species of fish in South America and 700 different kinds in the Amazon itself. Fish are speared or shot with arrows or tranquilized with an herbal poison put into the rivers. Meat is dried in strips. The most important food in the region, the *pirarucú*, sometimes reaches ten feet long and weighs 300 pounds. Its tongue bone is covered with small pointed teeth and is used as a grater in Amazon kitchens. The piranha ranges from the size of a man's hand to nearly two feet in length, with jaws so strong and teeth so sharp that it can chop out a piece of flesh from a man or an alligator as neatly as a razor. They attack in schools, turning into raging killers when they smell blood.

CAPÍTULO 11

Sipán

Antes de leer

Ahora tomamos el avión que nos lleva al valle de la tumba de Sipán. Hay un encuentro misterioso con un hombre que está robando la tumba.

   ¿Qué esperas encontrar en una tumba peruana, cerrada por más de mil años?

Sipán

Después de un vuelo turbulento a Chiclayo en el pequeño avión, el grupo llega al valle de Lambayeque donde se encuentra la tumba extraordinaria.

"¡Qué increíble descubrir esta tumba tan rica en el siglo
5 veinte!" exclaman Jorge y sus amigos, mirando las colinas[1] excavadas, los túneles y a unos grupos de arqueólogos que discuten los tesoros[2] de la tumba.

De repente, el sonido violento de una bala[3] rompe el silencio del área y unos soldados persiguen a un hombre
10 desconocido[4] que sale corriendo de un túnel. El hombre lleva una bolsa grande.

"¡Qué desastre!" grita un arqueólogo con frustración.

"Los huaqueros roban las tumbas antiguas y destruyen evidencia importante."
15 Según los arqueólogos, la tumba contiene una cabecita de oro, que brilla al sol por primera vez después de dos mil años, un tocado[5] enorme de oro, y adornos de turquesa, plata y oro.

"¡Fíjense[6]!" exclama la doctora Maura. "Para
20 acompañarle en el viaje al otro mundo, el guerrero

(en un ataúd[7] de madera) tiene un guardián
(¡sin los pies!). También, según los expertos había[8] dos
mujeres jóvenes, un sacerdote, un perro y una llama.
Alrededor, había ollas de cerámica con pinturas realistas."

25   "¡Qué fantástico! Las extrañas figuras de oro tienen la
forma de un hombre pero con pinzas de cangrejo[9] en lugar
de brazos," exclama Brad.

   "¡Es una maravilla!" responde la profesora.

   "¡Observen que a una de las mujeres le falta un pie!"

30   "¿Qué simboliza?" le pregunta Brad.

   "La liberación de la mujer no existía en esos tiempos.
¡Amputar los pies (aún en la muerte) es una manera de
asegurar la fidelidad[10]!" responde Sheila riéndose.

---

1 colinas: *hills*
2 tesoros: *treasures*
3 bala: *gunshot*
4 desconocido: *unknown*
5 tocado: *headdress*

6 ¡Fíjense!: *Look!*
7 ataúd: *coffin*
8 había: *there were*
9 pinzas de cangrejo: *crab claws*
10 fidelidad: *faithfulness*

Actividades

A. ¿A, b o c? Escojan la letra correcta.

1. Los huaqueros son
   a. arquitectos   **b.** bandidos   **c.** soldados
2. Los arqueólogos reconstruyen
   a. los historiadores   **b.** los huaqueros   **c.** culturas antiguas
3. ¿Quiénes impiden el progreso de la arqueología?
   a. Los barqueros   **b.** Los delfines   **c.** Los huaqueros

 B. Preguntas. Contesten las preguntas oralmente o por escrito.

1. ¿Qué rompe la bala?
2. ¿A quién persiguen los soldados?
3. ¿Qué hacen los huaqueros?
4. Describan la tumba de Sipán.
5. ¿Qué opinan de los pies cortados?

C. Cosas de que hablar. En grupos pequeños, discutan el conflicto. ¿Quiénes tienen razón? Presenten sus propias soluciones.

1. Los huaqueros necesitan dinero para sobrevivir.
2. Los arqueólogos quieren evidencia completa de culturas antiguas.
3. Los estudiantes quieren recuerdos de las tumbas.
4. El gobierno quiere proteger sus tesoros nacionales.
5. Los huaqueros están tratando de proteger su propia tierra ancestral.

Pepita de oro

A *huaca* in the Inca Quechua language is a sacred place or shrine
(a tomb, temple, strangely shaped rock, or a mountain stream) where
the Indians communicate with their gods. *Huaqueros* depend upon the
sale of stolen artifacts, or . . . perhaps in order to protect their own
sacred *huacas* or ancestral tombs, they remove family treasures as
protection against the invasion of archeologists!

In 1987 Peruvian police raided the house of a well-known *huaquero*
and seized a fantastic collection of artifacts of gold, silver, turquoise,
and lapis stolen from sacred lost cities of the Moche on the northern
coast of Peru.

CAPÍTULO 12

Ritos de iniciación

Antes de leer

🎧 En este capítulo, vemos una ceremonia importante, la iniciación de Pachac. Cada grupo, como el clan de Pachac, tiene sus propias reglas y costumbres desde la infancia hasta la vida adulta. ¿Cuáles son algunos de los ritos que practica tu familia? ¿Y tu país?

El jefe del clan lleva su traje ceremonial con una corona de plumas coloridas. Los otros indios llevan taparrabos[1] y aretes[2] largos. Todos se reúnen en la espaciosa casa central en la profundidad de la selva. Es una casa amplia,
5 con la misma forma de las casitas particulares[3] de las familias. Cuatro troncos[4] altos sostienen el enorme techo de paja. Hay más o menos cincuenta indios de todas las edades que rodean al jefe y a Pachac. El silencio y el calor son intensos.
10 "Hoy es el día de la iniciación de mi hijo Pachac. Él tiene que aprender muchas cosas importantes para prepararse para el día cuando yo me reúna[5] con mis antepasados," anuncia el jefe que también es curandero[6].

Los indios se miran con aprensión. La cara de Pachac
15 es solemne y preocupada.

"Primero, el papel[7] del hombre es ser cazador y mantener y proteger a su familia. Yo voy a enseñarte a conocer a fondo[8] el arte de sobrevivir en la selva. Vas a memorizar las señales de la selva, identificar las huellas
20 de los animales (incluyendo los seres humanos) y usar con habilidad el arco y la flecha. También, tienes que ser capaz de emplear la cerbatana[9] con dardos venenosos[10] rápidamente si es necesario," dice el jefe.

---

1 taparrabos: *loincloths*
2 aretes: *earrings*
3 particulares: *private*
4 troncos: *logs*
5 me reúna: *join*

6 curandero: *witch doctor/healer*
7 papel: *role*
8 a fondo: *thoroughly*
9 cerbatana: *blowgun*
10 dardos venenosos: *poisoned darts*

Actividades

A. Escojan la palabra correcta. Completen las oraciones con una de las palabras siguientes.

se reúnen	llevan	
son	sostienen	escuchan

1. Cuatro troncos altos _____ el techo de paja.

2. El calor y el silencio _____ intensos.

3. Los indios _____ taparrabos.

4. Más o menos cincuenta indios _____ atentamente.

5. Todos _____ en la selva tropical.

B. Preguntas. Contesten las preguntas oralmente o por escrito.

1. ¿Por qué se congregan los indios?
2. ¿Cómo es la casa central?
3. ¿Qué llevan los indios?
4. ¿Quién habla de una reunión con sus antepasados?
5. ¿En qué consiste el papel del hombre?

C. Emparejen. Tracen una línea para hacer la correspondencia apropiada entre las palabras de la columna A y las palabras asociadas de la columna B.

A	B
1. reunión con los antepasados	a. seria
2. ceremonia	b. dardos venenosos
3. ser cazador	c. conocer a fondo
4. preocupada	d. la muerte
5. desnudos	e. silencioso
6. aprender completamente	f. iniciación
7. sin ruido	g. sin ropa
8. la cerbatana	h. ser hombre

D. Cosas de que hablar. En grupos pequeños, discutan los temas.

1. El papel de un hombre en tu país.
2. ¿Cuál es la diferencia entre los labores de un curandero y un médico?

Pepita de oro

Blowguns are hollow tubes from which a dart or an arrow is blown by a man's breath. The dart or arrow is usually tipped with a deadly poison, such as curare, which kills or stuns the prey. Today blowguns are still used in Southeast Asia and by some native Americans of the Amazon and Guiana regions of South America.

CAPÍTULO 13

Ser hombre

Antes de leer

 El ritual con Pachac y su padre, el curandero, sigue. Su padre le da lecciones de la selva. ¿Quién te da lecciones importantes a tí?

El curandero, con su mano puesta sobre la cabeza de su hijo, dice, "Tienes que probar[1] tu habilidad de cazar, de obtener alimentos para tu familia matando a un mono, a un jabalí o a unas aves. Entonces, vas a estar listo
5 para la segunda parte de tu iniciación."

Después, con un gesto reverente, el papá rodea la cabeza de Pachac con sus manos y sopla[2] una bocanada[3] de humo sobre la coronilla[4]. Es un ritual misterioso.

"Ahora, tienes el conocimiento de nuestros antepasados
10 y la sabiduría de la raza. Guárdalos y úsalos con cuidado y respeto," murmura el curandero.

Más tarde, impresionado por la solemne ceremonia, el grupo de indios camina lentamente examinando las huellas de la selva.
15 "La primera lección de la selva es señalar[5] las rutas, las direcciones, para que no te pierdas," dice el jefe.

Cada cincuenta pies, el jefe rompe unas ramitas[6] de plantas para marcar la ruta. A veces el grupo se detiene para examinar unas hojas extrañas.
20 "Esta viña produce el veneno curare que usamos para los dardos venenosos de la cerbatana. Se dice que ahora se usa el curare en países fuera de la selva para tranquilizar a los enfermos," explica el papá de Pachac.

Pachac lo mira con asombro. ¿Cómo sabe él de la vida
25 fuera de la selva? ¿Por qué se ha metido[7] su padre en asuntos que no tienen que ver con su propia familia y con su papel en la tribu?

De repente, por primera vez, Pachac empieza a tener conciencia del mundo fuera de la selva, y se decide a
30 conocerlo también.

---

1 probar: *to prove*
2 sopla: *blows*
3 bocanada: *mouthful*
4 coronilla: *top of the head*

5 señalar: *to indicate*
6 ramitas: *twigs*
7 se ha metido: *become involved*

Actividades

🎧 **A. Preguntas.** Contesten las preguntas oralmente o por escrito.

1. ¿Cuál va a ser la primera prueba en la iniciación de Pachac?
2. ¿Cómo le transfiere el padre a Pachac todo el conocimiento de sus antepasados?
3. ¿Cuál es la primera lección de la selva?
4. ¿Cómo marca el curandero la ruta por la selva?
5. ¿Qué es el "curare"? ¿Para qué sirve en los países extranjeros?

B. Cosas de que hablar. En grupos pequeños, discutan soluciones a este problema.

Hay muchos descubrimientos de medicinas importantes procedentes de plantas de la selva tropical. También, hay animales y flores que están a punto de ser extintos. ¿Qué podemos hacer para proteger las selvas y guardar el conocimiento de sus habitantes indígenas?

C. ¿A, b o c? Escojan la letra correcta.

1. El curandero dice, "Tienes que probar tu habilidad de
   a. bailar."   **b.** escribir."   **c.** cazar."
2. El padre rodea la cabeza de Pachac con
   a. un sombrero.   **b.** sus manos.   **c.** sus pies.
3. Cada cincuenta pies, el jefe rompe
   a. las huellas.   **b.** la selva.   **c.** ramitas.
4. Se usan dardos venenosos en
   a. la ceremonia.   **b.** el camión.   **c.** la caza.
5. El curare es
   a. un indio.   **b.** un veneno.   **c.** una tribu.

CAPÍTULO 14

A Trujillo

Antes de leer

El grupo sale de la tumba de _____ que es tan rica como la tumba del Rey _____.

"¡Qué horror!" grita un arqueólogo. "¡Un _____ está robando la tumba!"

A Trujillo

Al salir de Sipán, la doctora y los estudiantes deciden seguir viajando hacia Trujillo por la costa árida donde hay muchas momias preservadas.

"Vamos a Chiclayo para alquilar[1] un camión y continuar
5　nuestro viaje paralelo a la costa hacia Trujillo," sugiere la doctora Maura.

Más tarde, cómodos en su camión, los chicos comen bocadillos[2] mientras hablan de los problemas que tienen los indios en todas partes del mundo.

10　"Desde la llegada de Colón los indios de todos los países del mundo han sido víctimas de discriminación. En lugar de aprender a sobrevivir[3] en armonía completa en la selva tropical y aprovecharnos de su sabiduría sobre las plantas medicinales, siempre estamos tratando de convertirlos a
15　nuestra manera de vivir o pensar," dice Brad.

"¡Es verdad!" responde Juana, mirándolo orgullosamente. "Y hoy en día los habitantes de las selvas tropicales están desapareciendo de todas partes del mundo."

20　"¿Por qué?" le pregunta Sheila.

"Porque el mundo necesita más espacio para toda la gente, para las casas, la agricultura, la producción de energía. Las selvas tropicales, aun muy importantes, cubren mucho territorio en el mundo," responde la
25　profesora, esperando una discusión estimulante.

"Pero, ¿no es importante guardar las culturas de la gente indígena y proteger la selva tropical con su flora y fauna que están en peligro de extinción?" le pregunta Mei Ling.

30　"Estoy de acuerdo, Mei Ling, pero ¿cómo podemos hacerlo?"

"Espérense amiguitos," interrumpe Jorge. "¡Los indios no pueden vivir en *nuestro* mundo!"

"¡Y nosotros no podemos sobrevivir en su mundo!" añade Brad.

1　alquilar: *to rent*　　　　3　sobrevivir: *to survive*
2　bocadillos: *snacks*

Actividades

A. ¿A, b o c? Escojan la letra correcta.

1. Si **descubrir** quiere decir "encontrar algo", un **descubrimiento** es
   a. una preocupación   **b.** un hallazgo   **c.** un desastre

2. Si **saber** quiere decir "tener información", **sabiduría** es
   a. alegría   **b.** conocimiento   **c.** tristeza

3. El antónimo de **armonía** es
   a. música   **b.** paz   **c.** lucha

4. **Convertir** quiere decir
   a. destruir   **b.** cambiar   **c.** conversar

5. **Ser extinto** quiere decir
   a. desaparecer   **b.** crecer   **c.** sobrevivir

B. Preguntas. Contesten las preguntas oralmente o por escrito.

1. ¿Qué van a hacer en Chiclayo?
2. ¿En qué se interesan los estudiantes durante el viaje hacia Trujillo?
3. ¿Por qué Brad está agitado?
4. ¿De qué manera han sido víctimas los indios?
5. Según Jorge, ¿cómo sobreviven los indios fuera de la selva tropical?

C. Completen las frases. Formen oraciones completas.

1. Ellos / ir / Chiclayo / alquilar / camión.

_____

2. Los estudiantes / pensar / problemas / indios.

_____

3. Misioneros / tratar de / convertir / gente / selva.

_____

4. Ellos / no / poder / sobrevivir / mundo / moderno.

_____

5. Nosotros / no / aprovechar / sabiduría / indios.

_____

D. Una discusión estimulante. En grupos pequeños, discutan las ideas de Jorge y de Brad.

1. "¡Los indios no pueden vivir en _nuestro_ mundo!"
2. "¡Y nosotros no podemos sobrevivir en su mundo!"

Pepita de oro

In January of 1994, in Chiapas, Mexico, groups of Indians from the mountains and valleys around San Cristobal de las Casas united to demand their human rights. They live in abject poverty, have no medical or educational facilities, and are victims of much discrimination. Both Fundamentalist religious groups and the Roman Catholic Church have struggled for power in the area where ancient Mayan beliefs still control the thought processes of the clan leaders. The Mexican government sent armed troops to Chiapas. Some of the weapons the Indians brandished were wooden sticks, accompanied by their angry, anguished voices in ancient Mayan.

CAPÍTULO 15

Chan Chan

Antes de leer

Cerca de Trujillo están las ruinas espléndidas de Chan Chan, la capital del imperio Chimú (siglos XIII al XV). Los chimú convirtieron la costa árida en valles fértiles. ¡Vamos a explorarlos! ¿Cómo se cambia una zona árida a una zona fértil?

Chan Chan

En el camión, los animados estudiantes, la doctora Maura y un arqueólogo peruano, que se llama Eduardo (que va a acompañar al grupo como guía), siguen la ruta costera. Todos cantan con voces animadas mientras pasan
5 por valles fértiles donde crecen la caña de azúcar[1] y el arroz.

"Los españoles trajeron las semillas[2] del arroz al Nuevo Mundo," anuncia la doctora Maura orgullosamente.
"Y encontraron[3] esta tierra que era tan fértil que la
10 cosecha[4] fue una maravilla."

"Es verdad," responde Eduardo con una sonrisa. "Gracias al talento de los Chimú que tenían un sistema de irrigación tan sofisticado que podían trasladar[5] el agua de un valle al otro por un canal de unos 50 kilómetros de
15 largo."

"¿Por qué es tan árida esta porción de la costa si hay un buen sistema de irrigación?" le pregunta Mei Ling a Eduardo.

"La siembra de caña y arroz necesita tanta agua que no
20 hay suficiente para cosechar maíz, calabazas, frijoles, ají o fruta. Además, hoy en día no tenemos el talento de los agricultores Chimú," contesta Eduardo.

De repente Brad exclama, "¡Miren! El esqueleto de una ciudad magnífica. ¡Debe ser Chan Chan!"
25 Los estudiantes se bajan del camión y corren hacia el laberinto de adobe.

"¡Las murallas!" exclama Juana, caminando con prisa alrededor de las ciudadelas encerradas.

"¡Imagínense! Se dice que para adornar las paredes de
30 sus templos los Chimú construyeron[6] paneles de oro y para sus jardines modelaron[7] plantas y animales de oro y de piedras preciosas," explica la doctora Maura.

"¡Por lo menos no tenían que gastar agua en sus jardines, sino pulirlos[8]!" responde Sheila.

---

1 caña de azúcar: *sugarcane*	5 trasladar: to *transfer*
2 semillas: *seeds*	6 construyeron: *constructed*
3 encontraron: *found*	7 modelaron: *modeled*
4 cosecha: *harvest*	8 pulirlos: *to polish them*

Actividades

A. ¿A, b o c? Escojan la letra correcta.

1. Un sinónimo de **animado** es
   a. vivaz   **b.** bestia   **c.** triste

2. **Orgullosamente** es un sinónimo de
   a. tristemente   **b.** arrogantemente   **c.** lentamente

3. Un antónimo de **admiración** es
   a. disgusto   **b.** alegría   **c.** respeto

4. Un sinónimo de **trasladar** es
   a. envolver   **b.** traducir   **c.** transferir

5. **Pulir** es un sinónimo de
   a. secar   **b.** hacer brillar   **c.** mojar

B. Preguntas. Contesten las preguntas oralmente o por escrito.

1. ¿Por qué Eduardo acompaña al grupo?
2. ¿Por qué fue una maravilla la cosecha de arroz en la costa árida?
3. ¿Cuál es el gran talento de los Chimú?
4. ¿Cómo era el jardín de los Chimú?
5. ¿Cómo cambiaron el área los españoles?

C. ¿Sí o no? Escriban **sí** si la frase es verdadera según el cuento. Si la frase es falsa, escriban **no** y vuelvan a escribir la frase correctamente.

1. Los Chimú trajeron el arroz a los españoles.

_____

2. Eduardo es el conductor del camión.

_____

3. La caña de azúcar crece en los Andes.

_____

4. Los Chimú convirtieron la selva tropical en un desierto.

_____

5. Los conquistadores trajeron agua a las montañas.

_____

Pepita de oro

When the *conquistadores* first crossed the Peruvian coastal desert valleys, they found fields of native cotton growing in a variety of natural colors: mauve, chocolate brown, maroon, and other shades. Not having seen anything similar in Africa or southern Europe, they were sure the Indians had dyed the cotton and placed it on the bushes to dry. Paleo-botanists have been fascinated by the early history of cotton and seem certain that the plant was cultivated by fishermen as early as 2500 B.C. in the desert coastal valleys of Peru, not too far from Chan Chan and the recently discovered Sipán tomb.

CAPÍTULO 16

Las momias

Antes de leer

 ¿Qué sabes de las momias?

Las momias

"Vamos a volar de Trujillo a Lima y podemos ver desde el avión la ciudad de Paracas, la región de los tejedores[1] donde se encontró una necrópolis con 427 momias, todas envueltas en metros de tela," sugiere Eduardo.

5   "¡Estos fardos[2] enormes pesaban[3] más o menos 250 kilos!" explica la profesora.

"¡Qué imponente!" exclama Juana.

De repente, Eduardo le pregunta al grupo, "¿Saben ustedes cómo momificaban a los muertos?"

10   "Cuéntanos, profesor," contesta la doctora Maura con animación.

"Bueno, hay varias maneras, procesos tales como el ahumar y el secar por congelación[4], pero según mis estudios, la manera más común era la siguiente:
15 destripar[5] al muerto, acomodar el cuerpo en la posición fetal y empezar el proceso de secarlo (con el uso de resinas o plantas para embalsamar). Cuando el cadáver estaba bien seco, lo envolvían[6] en tela, a veces tejida con diseños magníficos según el nivel social del muerto.
20 Finalmente, cubrían la cabeza y cara con una máscara (a veces decorada con plumas de flamenco[7]) y depositaban los fardos en cestas antes de enterrarlas."

"¡Qué fascinante!" dice Sheila.

"Creo que las joyas, la ropa y los objetos de arte en el
25 fardo que acompañaba al muerto a la otra vida revelaban el nivel social de la momia. ¡Qué emocionante descubrir esas huellas, esos espíritus del otro mundo!"

---

1 tejedores: *weavers*
2 fardos: *mummy bundles*
3 pesaban: *weighed*
4 secar por congelación: *to freeze-dry*
5 destripar: *to eviscerate*
6 envolvían: *they wrapped*
7 flamenco: *flamingo*

Actividades

A. Frases completas. Terminen las frases según el cuento.

1. Ellos prefieren volar a Lima porque _____

2. Las áridas costas centrales del sur eran buenos lugares para enterrar a las momias porque _____

3. Paracas es conocida por _____

4. Unos procesos de momificación son _____

5. Los arqueólogos determinan el nivel social de la momia por medio de
_____

B. Preguntas. Contesten las preguntas oralmente o por escrito.

1. ¿Cómo van a viajar de Trujillo a Lima?
2. ¿Por qué es famosa Paracas?
3. ¿Qué tenía la necrópolis de Paracas?
4. ¿Qué son fardos?
5. ¿Qué significan la tela y los objetos de arte que acompañan al muerto a la otra vida?

C. Cosas de que hablar. En grupos pequeños, discutan los temas.

1. Las momias son antepasados y los huaqueros son descendientes de las momias. A los huaqueros no les gusta que los arqueólogos extranjeros invadan sus huacas.

2. ¿Tienen derecho los huaqueros de tratar de impedir la invasión de arqueólogos para proteger su tierra sagrada?

3. La vida es dura en el Perú. Hay mucha pobreza y la población sigue creciendo. Una manera de ganar dinero es vender los tesoros de las tumbas a coleccionistas mundiales que van a pagar millones de dólares por antigüedades. ¿No es lógico que los huaqueros, desesperados por su situación, vendan sus propios tesoros ancestrales para sobrevivir?

4. ¿Cómo pueden resolver ustedes el problema de la pobreza, el robo de las tumbas, la invasión de arqueólogos, la venta de artefactos ancestrales, el mercado negro mundial?

Pepita de oro.

The "Cult of the Dead" was in full swing when the Spaniards arrived. The mummy bundles were paraded around the plaza in Cuzco by the descendants of the kings. Because they were considered soothsayers, mummies were consulted, given food and drink, and kept in the Sun Temple or in their *huacas* to be brought out for special occasions. The more important the individual, the greater the amount of woven material and personal objects placed in the fardel. In one wrapping cloth, 257 kilometers of yarn were used!

CAPÍTULO 17

La celebración

Antes de leer

Pachac escucha las palabras sabias de su padre y practica las cosas que se necesitan para llegar a ser hombre. En este capítulo, hay una celebración muy importante.

¿Por qué bailas? ¿En qué ocasiones especiales hay bailes?

La celebración

El sonido de los tambores llena la selva. También, las notas musicales de la quena[1] se unen al ambiente festivo. Los indios bailan y cantan alrededor del fuego. Es una celebración festiva porque Pachac acaba de matar su
5 primer mono y ya es considerado hombre.

El jefe curandero está muy orgulloso de su hijo. Recuerda la señal de los dioses cuando el rayo del relámpago cayó[2] cerca del arroyo poco después del nacimiento de Pachac.

10 "Hijo, junto con tu talento de cazador, tienes mi conocimiento de la brujería[3]. Es importantísimo aprender de memoria la variedad de árboles, hierbas y plantas que curen y produzcan los resultados deseados," dice el jefe.

"Sí papá. Ya sé que la enredadera[4] 'ayahuasca', produce
15 visiones que profetizan el futuro y que puede curar a una persona hechizada[5]."

"Muy bien, hijo, pero ¿conoces a fondo los sonidos, los olores, los aspectos de la selva que pueden señalar peligro?"

20 De repente un grito extraño penetra la conmoción de la fiesta. Todos los indios de pronto dejan sus actividades y escuchan intensamente el sonido extraño.

"No es de una ave[6] ni de un animal," anuncia el jefe con voz tensa.

25   Sin perder un momento, los hombres echan abajo las casitas de palmas, les prenden fuego[7] y en fila corren al fondo de la selva oscura.

    Las llamadas extrañas se repiten en tonos más fuertes con la aparición entre las hojas de caras pintadas de
30 negro que miran la fuga[8] de sus esperadas víctimas con expresiones de furia.

---

1 quena: *reed flute*
2 cayó: *fell*
3 brujería: *witchcraft*
4 enredadera: *vine*

5 hechizada: *bewitched*
6 ave: *bird*
7 prenden fuego: *set on fire*
8 fuga: *flight*

Actividades

A. ¿A, b o c? Escojan la letra correcta.

  1. La quena es un
     a. fuego   **b.** instrumento   **c.** mono

  2. Para Pachac, la matanza del mono significa que ya es
     a. indio   **b.** feliz   **c.** hombre

  3. De su padre, Pachac tiene el talento de
     a. cocinar   **b.** curar   **c.** escribir

  4. Reconocer los sonidos y las huellas es importante para
     a. bailar   **b.** tocar la quena   **c.** sobrevivir

  5. La viña ayahuasca se encuentra en
     a. la selva   **b.** el río   **c.** el libro

B. Preguntas. Contesten las preguntas oralmente o por escrito.

1. ¿Qué significa el sonido de los tambores?
2. ¿Por qué hay una celebración?
3. ¿Qué simboliza el mono muerto?
4. ¿Qué tiene Pachac de su padre?
5. ¿Cómo responden los del grupo de Pachac a los sonidos misteriosos?

C. Emparejen. Tracen une línea para hacer la correspondencia apropiada entre las frases de la columna A y las palabras asociadas de la columna B.

A	B
1. la música andina	**a.** ayahuasca
2. matar un mono	**b.** caras furiosas
3. el conocimiento de hierbas	**c.** la quena
4. profetiza el futuro	**d.** ser hombre
5. llamadas extrañas	**e.** las curaciones

Pepitas de oro

- In Indian lore, a lightning flash means that a shaman (medicine man or witch doctor) is passing by.
- When there is a light rain, they say that the female spirits are acting silly and are throwing water at each other.
- A shaman can contact the good and bad spirits through the vision vine, ayahuasca.
- A pad of cotton placed on a baby's head is protection against the hoot of the two-horned owl.
- Night noises are souls returning.
- Flamingos are often called "Peruanos," because the red wings and white chest suggest the Peruvian flag.

CAPÍTULO 18

Lima

Antes de leer

Los museos de Lima son magníficos y están llenos de tesoros. Vamos a visitarlos.

   ¿Son útiles los museos? ¿Cuál es su función?

Lima

"Ya llegamos a Lima pero es difícil verla a causa de la niebla. Creo que hace mal tiempo," exclama Juana.

"No. Es la Garúa, una niebla pesada que cubre el valle como una manta desde Chosica hasta los Andes," responde Jorge, tomando la mano de Juana.

Eduardo explica un poco de historia.

"Lima fue fundada por Pizarro en 1535. Él escogió[1] este lugar tan cerca del mar porque sus soldados tenían mucho miedo a los indios y todos pensaban que esta localidad facilitaría[2] una fuga rápida en caso de ataque."

Más tarde, instalados en un hotel que da a la Plaza de Armas, el grupo planea su corta visita a la capital del Perú.

"Queremos visitar el Museo de Oro," anuncian Mei Ling y Paco, imaginando las joyas y objetos sagrados sacados de las tumbas de reyes ¡y la oportunidad de estar a solas!

"Y yo quiero explorar el Museo de la Inquisición," dice Jorge, fascinado por los calabozos[3] y cuartos de tortura que se usaban durante esos años de horror.

"¡Voy contigo!" añade Juana.

"¡Qué buenas ideas!" dice Eduardo.

"Pues, vamos a tomar un colectivo[4] para satisfacer a todos y después, podemos buscar un restaurante típico para probar la especialidad del Perú, el ceviche."

25 "¡Ay, Eduardo! Por favorcito. Hemos comido cuy asado[5],
patitas de chancho[6] y una variedad de comidas extrañas.
Ahora, ¡sueño con una hamburguesa!" dice Paco con voz
desesperada.

      Todos se ríen y más tarde, piden platos de su gusto.
30 Después de comer, la profesora y Eduardo vuelven al
hotel y los estudiantes van a una discoteca para bailar y
escapar de la vigilancia de los adultos.

---

1 escogió: *chose*   4 colectivo: *communal taxi*
2 facilitaría: *would facilitate* 5 cuy asado: *roast guinea pig*
3 calabozos: *dungeons*   6 patitas de chancho: *pig's feet*

Actividades

A. ¿A, b o c? Escojan la letra correcta.

1. La Garúa es
   a. una montaña   **b.** la niebla   **c.** un hombre
2. Cuy asado es un
   a. instrumento musical   **b.** plato   **c.** baile
3. Lima fue fundada por
   a. los soldados   **b.** Pizarro   **c.** los indios
4. El Museo de la Inquisición tiene
   a. patios bonitos   **b.** momias   **c.** calabozos
5. En una discoteca se puede
   a. visitar los museos   **b.** reunirse con   **c.** subir la
                                      los amigos   montaña

🎧 **B. Preguntas.** Contesten las preguntas oralmente o por escrito.

1. ¿Por qué es difícil ver la ciudad de Lima desde la ventanilla del avión?
2. ¿Por qué Pizarro escogió Lima como capital?
3. ¿Qué museos quieren visitar los estudiantes?
4. ¿Qué son unas especialidades gastronómicas del Perú?
5. ¿Qué come el grupo?

C. ¿Cuál es la pregunta? Hagan preguntas para estas respuestas.

1. Es una niebla pesada.

_____

2. Pizarro le tenía miedo a los indios.

_____

3. Usaban instrumentos de tortura.

_____

4. Está lleno de esculturas de oro.

_____

5. Sí, queremos escapar de los adultos.

_____

Pepita de oro

Every culture has its own idea of beauty. In some of the museums in Lima there are skulls which prove that deformations were part of accepted rituals in early Peruvian cultures. Such practices could indicate social status, partly because an enlongated head might help in the placement of the elaborate headdresses worn by priests, chiefs, and kings.

Archaeologists can "date" skulls by the type of deformation, one form of which could be achieved by molding an infant's head with the use of "pressure boards" to change the shape of the skull. The Mayas used a similar technique to achieve their ideal of beauty. Culturally valuable, deformations are signs of political or economic status—and skill!

Nazca

Antes de leer

Hay muchos misterios que no tienen una explicación lógica. Las líneas de Nazca son un buen ejemplo.

  ¿Puedes recordar algunas ruinas misteriosas o piedras con diseños que intrigan a los expertos?

Nazca

"Vamos a volar en AeroCóndor para ver los dibujos de Nazca. Son enormes diseños geométricos y figuras abstractas de animales y aves," sugiere Eduardo al grupo.

"¡Fabuloso! Los dibujos son muy curiosos, porque no se
5 puede ver el panorama completo a pie, sino por avión o quizás de una nave espacial[1]," dice la doctora Maura.

"Hay interesantes teorías que nos dicen que seres de otros planetas han trazado los diseños," dice Sheila.

"¡Qué locura! Hay gente en este mundo que está
10 convencida de la existencia de extraterrestres[2] pero ¡yo no lo creo!" responde Brad con una sonrisa. Juana está de acuerdo.

"Pienso que los diseños son señales astronómicas que profetizan las estaciones, los períodos de la cosecha y las
15 fechas para ceremonias religiosas," continúa Eduardo.

"¡Ay, como Stonehenge!" exclama Sheila.

"Exactamente," dice la profesora.

"Sabemos que el agua se origina en las montañas cubiertas de nieve; y como los peruanos siempre han
20 venerado[3] el agua, las líneas pueden señalar las direcciones hacia fuentes escondidas en los Andes . . . o quizás las líneas rectas conectan caminos importantes desde el desierto hasta unas huacas en las montañas."

"Teorías muy interesantes," comenta Eduardo con una
25 mirada a la doctora Maura.

"Pero la cosa más interesante es que las líneas no fueron construidas en una época determinada. Fueron hechas en distintas ocasiones y las figuras de animales y aves pueden identificar a diferentes grupos indígenas que
30 vivían en el área."

Huacas misteriosas en las montañas; dioses mitológicos del agua; mitos[4] de la creación del inca; líneas rectas que cruzan el desierto hacia puntos sagrados; ¿senderos ceremoniales de este mundo al otro? . . . ¡Qué misterio!

---

1 nave espacial: *spaceship*
2 extraterrestres: *space aliens*

3 venerado: *worshiped*
4 mitos: *myths*

Actividades

A. ¿A, b o c? Escojan la letra correcta.

1. Los dibujos de Nazca son
   a. naves espaciales   **b.** indios altos   **c.** diseños curiosos

2. Los extraterrestres vienen
   a. del espacio   **b.** del avión   **c.** de los Andes

3. Stonehenge está relacionado con
   a. una tumba   **b.** una ciudad   **c.** la astronomía

 B. Preguntas. Contesten las preguntas oralmente o por escrito.

1. ¿Por qué son interesantes las líneas de Nazca?
2. ¿Por qué es necesario ver las líneas desde un avión?
3. ¿Cuál es una teoría exótica de la creación de los dibujos?
4. ¿Qué simbolizaba el agua en la vida de los peruanos?
5. ¿Qué puede ser el significado de las figuras abstractas?

C. Usen sus imaginaciones. En grupos pequeños, discutan las posibilidades.

1. Las señales representan...

2. Las huacas en las montañas significan ...

3. Las figuras de aves y animales simbolizan...

4. Los senderos ceremoniales conectan...

5. Los dioses ven los diseños desde lo alto y deciden...

Pepita de oro

The Nazca markings form a geometrical puzzle of quadrangles, trapezoids, triangles, spirals, and flowers that extend more than five miles on this arid, desert plateau. These markings were made over a considerable span of time, probably from the last centuries before Christ to the time of the Incas. However, a zoo of giant creatures—reptiles, birds, whales, a monkey, and a spider—are believed to have been made by the Nazca people about 1500 years ago.

The lines and designs were created by removing millions of gray-colored surface stones to reveal the lighter sandy ground underneath and by piling the rocks in rows. In this arid region, these markings can last thousands of years.

CAPÍTULO 20

El lago Titicaca

Antes de leer

Ahora estamos cerca del lago navegable más alto del mundo, el lago Titicaca. La altura de 3,962.4 metros afecta a los estudiantes y todos se sienten un poco enfermos. Para distraerlos, Eduardo va a contar el mito inca de la creación.

¿Qué otras versiones sobre la creación conoces?

El lago Titicaca

"¡Ay! ¡Me duele la cabeza!" se queja Paco, respirando con dificultad.

"¿Cómo puede sobrevivir la gente en esta altura?"

"Yo te cuido Paco," responde Mei Ling abrazándolo,
5 mientras contemplan la grandeza del lago.

La altura afecta a todo el grupo menos a Eduardo. Apoyándose entre sí, los estudiantes y la profesora están jadeando[1] como pirañas fuera del agua.

"¿Podemos hacer una excursión a las islas flotantes de
10 Uros, y de los Aymaras esta tarde si el soroche[2] no nos mata?" le pregunta Sheila a la doctora Maura.

"Cómo no, Sheila," responde la jefa.

"¿Conocen ustedes la leyenda de los primeros incas?" le pregunta Eduardo a los estudiantes, tratando de animar
15 al grupo.

"¡Cuéntanos Eduardo!" jadea Jorge.

"¡ A mí me fascinan los mitos de la creación! Bueno. El Sol ve la manera salvaje en que viven los seres humanos y manda a su hijo e hija al mundo. Las instrucciones del
20 padre son básicas: civilizar a la gente y enseñarle la manera de aprovechar[3] los frutos de la tierra. El padre Sol les presenta un bastón[4] de oro y los deja en el lago Titicaca. Después, el Sol dice: 'Vagabundeen por todas

partes y prueben la tierra con este bastón. Cuando
25 encuentren ustedes un lugar donde el bastón penetre en
la tierra, allí deben establecer su reino. A cambio de su
viaje, les prometo calentar e iluminar los días y ayudar
con las cosechas. Voy a volver cada día para ver si todo
está bien."

30   "Eduardo, ¿dónde penetró el bastón de oro?" interrumpe
Paco entusiasmado.

    "¡En Cuzco!—el ombligo del imperio inca, ¡mi herencia!"
responde Eduardo con voz triunfante.

---

1 jadeando: *gasping*   3 aprovechar: *to take advantage of*
2 soroche: *altitude sickness*   4 bastón: *rod*

Actividades

A. ¿A, b o c? Escojan la letra correcta.

1. La **altura** afecta
   a. los pies   **b.** la cabeza   **c.** las balsas

2. El verbo **animar** tiene que ver con
   a. animales   **b.** actitudes   **c.** el cine

3. **Mitos** son
   a. insectos   **b.** leyendas   **c.** instrucciones

4. **Aprovechar** quiere decir
   a. civilizar   **b.** utilizar   **c.** olvidar

5. **Salir bien** quiere decir
   a. dejar de   **b.** no volver   **c.** tener éxito

B. Preguntas. Contesten las preguntas oralmente o por escrito.

1. ¿De qué se queja Paco? ¿Por qué?
2. ¿Cómo mantienen las islas flotantes los indios?
3. ¿Por qué manda el Sol a sus hijos al lago Titicaca?
4. ¿Cuáles son las instrucciones del padre?
5. A cambio de su viaje, ¿qué promete el Sol?

C. Cosas de que hablar. En grupos pequeños, discutan los mitos de la creación de distintas razas en el mundo. ¿Por quién y cómo fue creado el mundo, según los africanos, los indios de Norteamérica, Mesoamérica y México?

Pepita de oro

Lake Titicaca is 13,000 feet high and measures 3,200 square miles. There are many islands in the lake which are continuously maintained by piling dried Totora reeds into the lake. Walking across one of these islands is like walking on a damp sponge. Small canoe-like boats called *balsas* are an important means of transportation on Lake Titicaca. They are constructed by lashing together long bundles of the thick, buoyant Totora reed. Thor Heyerdahl, the famous explorer who crossed the Pacific Ocean in a Totora-balsa raft (the Kon Tiki), proved that a link between the Pacific Islands and western South America could have been achieved centuries ago.

CAPÍTULO 21

Una reunión

Antes de leer

Pachac sigue caminando por las selvas tropicales, hablando con la gente indígena y viendo la destrucción de la selva. Llega al Parque Manú, uno de los parques más bellos del mundo. Busca al jefe de los Machiguenga, un grupo indígena que vive completamente aislado. ¿Qué piensas que Pachac busca?

Una reunión

Hace muchas semanas que Pachac camina por las selvas. Quiere ponerse en contacto con el jefe de los Machiguenga pero sin éxito. Está muy cansado y desanimado.

5 De repente, un indio cuyo[1] cuerpo está pintado completamente de negro, aparece en frente de Pachac. Los dos se miran fijamente por un momento cuando de pronto, con expresión de miedo, el indio huye[2] rápidamente en dirección opuesta al fondo de la selva.

10 "¡Espere, por favor!" grita Pachac, corriendo en la misma dirección que el indio.

"Quiero conocer a su jefe. Necesito ayuda. Hay un movimiento nuevo de gente indígena que va a luchar para proteger nuestra selva tropical."

15 No hay respuesta, ni sonido, ni una huella del indio misterioso. Frustrado, Pachac vuelve a la casa central para hablar con su padre.

"Papá, estamos en un momento crítico. Tenemos que organizarnos para garantizar derechos en la selva. Somos

20 víctimas del 'progreso' y nuestras selvas están desapareciendo."

"Hijo, tenemos una capacidad mínima contra las fuerzas mundiales," responde el anciano curandero.

"¡No papá! No estoy de acuerdo," protesta Pachac con

25 firmeza, con ojos flameantes.

"Podemos luchar para proteger la naturaleza, las especies de plantas y animales que están casi extintas. Hace muchos años que los indios viven en armonía en las selvas tropicales. Tenemos nuestros derechos y vamos a reclamarlos."

30   Esa tarde, en un valle no muy lejos de Cuzco, frente a un gentío[3] enorme, las palabras de Pachac llenan el aire.

"Compañeros y compañeras. Hay siete millones de indios en el Perú hoy en día y un millón que viven en las

35   selvas tropicales. ¡Es hora de luchar por nuestros derechos humanos y derechos legales!"

---

1 cuyo: *whose*   3 gentío: *crowd*
2 huye: *flees*

Actividades

A. ¿A, b o c? Escojan la letra correcta.

1. **Fijarse** quiere decir
   a. cambiar   **b.** hablar   **c.** notar con atención

2. **Organizarse** quiere decir
   a. celebrar   **b.** cazar   **c.** agruparse

3. Un antónimo de **derechos humanos** es
   a. represión   **b.** animación   **c.** consideración

4. Un antónimo de **capacidad mínima** es
   a. pobreza   **b.** fuerza   **c.** riqueza

B. Preguntas. Contesten las preguntas oralmente o por escrito.

1. ¿Quiénes se encuentran en el Parque Manú?
2. ¿Qué busca Pachac en la selva? ¿Por qué?
3. ¿Cómo responde el padre de Pachac a la misión de su hijo?
4. ¿Qué pueden hacer los sindicatos que planea Pachac?
5. ¿Qué derechos les faltan a los indios?

C. Escojan la palabra correcta. Completen las oraciones con una de las palabras siguientes.

indígena	explotación
sindicato	víctimas

1. Pachac quiere formar un _____ para garantizar los derechos humanos.

2. La gente _____ está en peligro.

3. La _____ de la selva tropical es un desastre para el mundo de la medicina.

4. Los indios son _____ de la explotación.

D. ¿Qué piensan? Escriban oraciones originales con las palabras siguientes.

1. ponerse en contacto

_____

2. gente indígena

_____

3. capacidad mínima

_____

4. vivir en armonía

_____

5. palabras agitadoras

_____

Pepita de oro

Three Machiguenga Indian women appeared suddenly last year at the edge of the Manu National Park, but when their hand signaling was noted, they fled into the forest. What will happen to the indigenous groups who live in complete isolation when their habitats are destroyed by "progress"?

Although rain forests cover only 7 percent of the earth's landmass, about one-half of the planet's species live in them! Deforestation, particularly in the tropical rain forests, has become a major environmental concern, as it destabilizes the earth's temperature, humidity and carbon dioxide levels.

Think of the extraordinary variety of wildlife that has survived in the rain forest over the centuries:

- plants without soil and trees without roots.
- animals and fish that can breathe in both water and air.
- enormous, six-foot lily pads that look like floating carpets.
- the variety of birds, eels, manatees, river dolphins, and carnivorous, predatory species like the *pirarucú*.

CAPÍTULO 22

Cuzco

Antes de leer

 ¿Por qué escogieron los incas a Cuzco como capital?

"¡La capital del imperio inca!" exclaman los estudiantes al llegar a Cuzco en lo alto de las montañas.

"¡Qué ciudad tan preciosa! Es una joya en un valle en lo alto del mundo!" exclama Mei Ling en el vestíbulo del hotelito en Cuzco.

"Y protegida por los brazos extendidos de los Andes," añade Paco poéticamente.

"Cuidado con la altura," aconseja el gerente, alarmado por el aspecto verde de la cara de la doctora Maura.

"Después de descansar por una hora, ustedes deben tomar mate de coca para acostumbrarse a la altura."

Más tarde, el grupo sigue a Eduardo para explorar la ciudad con sus calles estrechas. Las iglesias y los monasterios españoles están construidos encima de los edificios incas.

"Miren cómo están encajadas las enormes piedras. ¡No cabe ni un cuchillo entre ellas!" exclama Eduardo.

"¡La Plaza de Armas! Vamos de compras. ¡Qué pintoresco!" dice la profesora, pensando en comprar unos regalos para sus amigos.

La plaza está llena de color y actividad. Los vendedores en trajes típicos venden toda clase de artesanías a la multitud de gente. Muñecas[1] de tela para acompañar a los muertos, talismanes para la hechicería[2], puestos de verduras y carnes, y perros despellejados[3], considerados platos exquisitos.

"Señora, por favor, ¿cuánto cuesta el poncho de lana?" le pregunta Juana a una india vieja.

La vendedora decide pedir un precio turístico.

"Veinte mil soles[4], señorita. Hecho a mano, de alpaca. Hace mucho frío en las montañas de noche."

Juana, que conoce el arte de regatear[5], responde con gestos de horror.

"¡Qué caro! ¡Es demasiado! ¡Quinientos soles!"

Después de unos minutos de regateo animado, llegan a un acuerdo y Juana sale del mercado llevando el poncho nuevo. Las dos están contentas.

"¡Ay, qué señorita tan bella!" dice Jorge admirándola. Con una sonrisa dulce, ella comparte[6] el poncho con Jorge y los dos salen de la plaza para explorar.

---

1 Muñecas: *dolls*
2 hechicería: *witchcraft*
3 despellejados: *skinned*
4 soles: *Peruvian money*
5 regatear: *to bargain*
6 comparte: *shares*

Actividades

A. ¿A, b o c? Escojan la letra correcta.

1. Un antónimo de **en lo alto** es
   a. abajo   **b.** en el centro   **c.** en el fondo
2. El **aspecto verde** de la doctora es resultado de
   a. la comida   **b.** la altura   **c.** los turistas
3. El **regateo** es un
   a. poncho   **b.** vendedor   **c.** negocio
4. Un sinónimo de **sol** en el Perú es
   a. luna   **b.** dinero   **c.** lago
5. Un antónimo de **repartir** es
   a. gastar   **b.** guardar   **c.** comprar

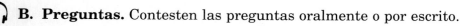 **B. Preguntas.** Contesten las preguntas oralmente o por escrito.

1. ¿Para qué sirve el mate?
2. ¿Cómo son las calles de Cuzco?
3. ¿Cómo fueron construidas las iglesias y monasterios?
4. ¿Qué se vende en la Plaza de Armas?
5. Describe el arte de regatear.

C. Emparejen. Tracen una línea para hacer la correspondencia entre las palabras de la columna A y las palabras asociadas en la columna B.

A	B
1. mercado central	**a.** discoteca
2. regatear	**b.** Cuzco
3. diversión nocturna	**c.** soroche
4. aspecto verde	**d.** Plaza de Armas
5. en lo alto del mundo	**e.** comprar y vender

D. ¡Regateo! En grupos pequeños, hagan los papeles de comprador y vendedor.

1. Ustedes están en el mercado. Una de las chicas quiere comprar una blusa bonita. El vendedor pide un precio muy alto, 40 soles. Ustedes no tienen tanto dinero. Cómprenla por 26 soles.
2. Quieren comprar una guitarra, pero el vendedor les dice que cuesta 100 soles. Compren la guitarra por 50 soles.

Pepita de oro

"Yerba mate" is the most popular beverage in South America. The tea is a stimulant and a restorative and it contains considerable caffeine. The word *mate* also refers to the cups in which the tea is infused, which are made from curiously-shaped gourds with small openings cut in the tops and sometimes decorated with silver mountings. The dried leaves are put in a container and covered with boiling water. The tea is drunk through a *bombilla*, a tube provided at the lower end with a strainer of fine basketwork, metal, or perforated wood.

A fantastic system of roads connected the four quarters of the Inca world, and on these roads Inca runners carried imperial messages in relays from Cuzco to faraway cities. By running day and night with relay runners stationed along the route, the Chasqui could get from Lima to Quito, Ecuador, in five days!

CAPÍTULO 23

Pizarro

Antes de leer

 ¿Qué sabes de Pizarro? ¿Era un explorador o un aventurero? ¿Por qué llegó a Sudamérica?

El siglo XVI

Un hombre, alto y arrogante, con barba negra y una
expresión cruel, dice a los soldados sarcásticamente:
"¡Anímense, ancianitas! Estoy decidido a encontrar la
ciudad de 'El Dorado'. Está hecha de oro y piedras preciosas.
5 ¡Vamos a saquearla, sacar sus tesoros y destruirla!"
Desanimados, y muriéndose de hambre y enfermedades,
los soldados escuchan aquellas palabras inflamatorias y
tienen miedo. Su líder es un hombre obsesionado con una
visión pero sin capacidad de ver. Todos están muy cansados.
10 Hace muchos meses que caminan por las selvas, donde se
enfermaron o fueron atacados por indios hostiles, por los
desiertos donde les faltaba agua, por las montañas donde
algunos murieron del soroche, en busca del imperio de los
incas. En todas partes, han oído leyendas y mitos que
15 describen una ciudad de oro pero nadie revela la
localización exacta. Los indios conspiran para proteger su
herencia contra los invasores.
"¡Voy a matar a cualquier soldado que no avance conmigo!
Si ustedes quieren vivir para bañarse en oro, ¡Síganme!
20 ¡En nombre de Dios!"
El líder se llama Pizarro.

El siglo XX

Mientras tanto, el distinguido profesor de la
Universidad de Yale sigue marchando por las montañas y
los valles en busca de la ciudad perdida de los incas. Con
25 el sonido fuerte del río Urubamba, es difícil comunicarse
con su guía, un indio viejo.
"Creo que estamos cerca. Las leyendas describen esta
área montañosa, con el río Urubamba en la base de una
montaña en pico," dice el indio emocionado.
30 "¡Ojalá!" responde el doctor Bingham, subiendo con
mucho cuidado el sendero empinado[1] de la montaña.
De repente, el doctor exclama en voz alta, llena de
emoción.
"¡Machu Picchu! ¡Está en lo alto de la montaña! Puede
35 ser la ciudad perdida de los incas, ¡el último refugio de los
incas y sus reyes! Gracias, Dios del Sol. ¡Éste es el
momento más emocionante de mi vida!" dice el profesor a
gritos. El indio levanta los brazos y con voz agradecida
llama a sus dioses en quechua.

---

1 sendero empinado: *steep path*

Actividades

A. Sinónimos y antónimos. Busquen los sinónimos de las siguientes palabras.

a. arrogante _____

b. sarcástico _____

c. desanimado _____

d. inflamatorio _____

e. obsesionado_____

Ahora, busquen los antónimos de las siguientes palabras.

a. hostiles _____

b. faltaba _____

c. revelar _____

d. sonido fuerte _____

e. emocionante _____

 B. Preguntas. Contesten las preguntas oralmente o por escrito.

1. ¿Para qué buscan los soldados la ciudad de "El Dorado"?

2. ¿Dónde y cómo han pasado muchos meses?

3. ¿Cuáles son las leyendas y los mitos?

4. ¿Cómo amenaza Pizarro a sus soldados?

5. ¿Qué busca el doctor Bingham?

6. ¿Cuáles son las señales de la proximidad de la ciudad perdida?

7. ¿Cómo responden el doctor y su guía al descubrimiento?

C. ¿Sí o no? Escriban **sí** si la frase es verdadera según el cuento. Si la frase es falsa, escriban **no** y vuelvan a escribir la frase correctamente.

1. Pizarro es un indio honorable y simpático.

   _____

2. Al encontrar "El Dorado", Pizarro planea visitar los museos.

   _____

3. Los soldados están muy animados porque hace muchos años que viajan por las ciudades, las discotecas y los cines de la Argentina.

   _____

4. Pizarro dice con cariño: Voy a darles una fiesta a todos los soldados que marchen conmigo.

   _____

5. La doctora Bingham de la Universidad de Harvard baja al valle en busca de la estatua perdida de los Chimú.

   _____

6. El doctor y el guía cantan y bailan con alegría al encontrar la ciudad de Cuzco.

   _____

D. Cuestionario personal. Den ejemplos del sentido de las frases siguientes.

1. Tiene visión sin capacidad para ver
2. Un hombre obsesionado
3. Proteger su herencia
4. Palabras inflamatorias
5. El momento más emocionante de su vida

Pepita de oro

In Inca times, why did the dead play such important roles?

Inca rulers, who were revered, were not buried in sumptuous burial chambers as in Egypt, rather their bodies were enshrined in the very palaces they inhabited in life. Periodically, the mummies were "refreshed," their cloth wrapping washed, or changed, symbolizing a ceremonial return to the living. At appointed hours each day, the mummified monarchs were carried in procession to Cuzco's central square where there was feasting and praying after which a white llama was sacrificed in their honor. Death was not an ending. Ever-present ancestors were symbols of the continuous cycle of life, death, and rebirth.

The Spanish in their efforts to firmly establish their own religion, destroyed many mummies or gave them away as souvenirs. Imagine how the indians reacted to this violation of their sacred beliefs and ancestor worship!

CAPÍTULO 24

Machu Picchu

Antes de leer

🎧 ¡Qué triunfo! Los estudiantes viajan de _____, la capital del imperio inca, a Machu Picchu, el lugar sagrado de los incas, la ciudad perdida, situada en lo alto de los Andes. El grupo va a tener una reunión muy emocionante.

Machu Picchu

Es de madrugada. La niebla circula entre las torres y edificios de la ciudad silenciosa. A través de las nubes que rodean el pico mayor, se ve la mística ciudad perdida de los incas. ¡Machu Picchu! Todos sienten el silencio de los
5 siglos, la magia de encontrarse en lo alto del mundo, testigos[1] del esplendor del pasado, los templos, las terrazas que rodean la montaña, los edificios hechos de piedras gigantescas. Machu Picchu impresiona todos los sentidos[2], los sueños y la imaginación.
10 "Allá está el famoso 'Inti Huatana[3]' que los españoles trataron de destruir en su determinación de borrar[4] la idolatría de los incas," dice Eduardo, mirando a la profesora.

"¿ Trajo la conquista algún beneficio?" le pregunta la doctora Maura a Eduardo.
15 "Quizás," responde Eduardo lentamente.

La jefa busca a su grupo y lo ve sentado en lo alto de Huayna Picchu[5] que da a Machu Picchu[6]. Cuenta siete figuras en la distancia.

"Cómo te llamas, amigo?" le pregunta Boris al descono-
20 cido que los ha acompañado desde las ruinas hasta el pico.

"Me llamo Pachac. Soy inca y me gustaría muchísimo reunirme con ustedes."

"¡Por supuesto, Pachac! Qué bueno que quieras subir
25 con nosotros. Puedes enseñarnos más sobre los incas," dice Brad.

"Y ustedes pueden enseñarme acerca de la vida fuera del Perú. Me gusta conocer a estudiantes de todas partes del mundo," exclama Pachac.

30 "¡Imponente!" responde Juana entusiasmada, mirando con admiración su perfil noble.

"Y también, ¡quiero escuchar Rock!, comprar camisetas y llevar blue jeans," añade Pachac con una sonrisa.

Todos ríen.

35 "¿Por qué no nos acompañas a Cuzco mañana a nuestra última fiesta en el Perú? Vamos a una discoteca," añade Paco.

"¡Con mucho gusto!" responde Pachac entusiasmado.

"Tengo unos proyectos tremendos para discutir con
40 ustedes. Necesito su ayuda," dice Pachac misteriosamente.

"¡Fabuloso!" exclama Sheila.

Cogidos del brazo, el grupo baja alegremente del pico a las terrazas majestuosas de Machu Picchu, todos llenos de excitación y visión, de preguntas y soluciones.

---

1 testigos: *witnesses*
2 sentidos: *senses*
3 Inti Huatana: *Hitching post of the sun*

4 borrar: *to erase*
5 Huayna Picchu: *mountain peak above Machu Picchu*
6 Machu Picchu: *Lost city of the Incas*

Actividades

A. ¿A, b o c? Escojan la letra correcta.

1. Lo opuesto de **madrugada** es
   a. mañana   **b.** tarde   **c.** noche
2. Un sinónimo de **circular** es
   a. cubrir   **b.** rodear   **c.** cambiar
3. Los **testigos**
   a. gritan   **b.** bailan   **c.** ven
4. **Inti Huatana** está relacionada con
   a. la luna   **b.** el sol   **c.** las estrellas
5. **Desconocido** es el opuesto de
   a. consolado   **b.** consabido   **c.** encontrado

 B. Preguntas. Contesten las preguntas oralmente o por escrito.

1. ¿Qué emociones siente el grupo al ver Machu Picchu?
2. Según los españoles, ¿qué era "Inti Huatana"?
3. ¿Quiénes se conocieron en lo alto del pico?
4. ¿Qué quiere hacer Pachac?

Pepita de oro.

Bingham's discovery of Machu Picchu was an extraordinary achievement as it remains one of the finest concentrations of Inca buildings in Peru and one of the most startlingly beautiful sites in the world.

At its greatest extent, the Inca empire stretched 2,500 miles along the western side of the continent of South America. Throughout this vast area of snow-topped mountains, arid coasts, deserts, and tangled jungles, the Incas conquered the inhabitants of almost 100 ethnic groups. They absorbed the riches, assimilated the cultures, and forged an incredible empire.

VOCABULARIO

A

a fondo: thoroughly *49*
además: moreover *2*
advertir: to warn *14*
el alma gemela: kindred
　spirit *31*
alquilar: to rent *56*
aplastando: swatting *35*
aprovechar: to take
　advantage of *81*
el arco: bow *6*
el arete: earring *49*
el arroyo: brook *10*
el ataúd: coffin *45*
el ave: bird *69*
el azulejo: tile *22*

B

la bala: gunshot *45*
el bastón: rod *81*
el bocadillo: snack *56*
la bocanada: mouthful *53*
borrar: to erase *99*
la brujería: witchcraft *69*

C

el calabozo: dungeon *73*
la caña de azúcar: sugarcane 61
carnívoro,-a: flesh-eating *22*
cayó: fell *69*

la cerbatana: blowgun *49*
el cerdito: piglet *27*
la cesta: basket *27*
choca: hits *39*
la choza: hut *8*
cojeando: limping *18*
el colectivo: communal taxi *73*
la colina: hill *45*
compartir: to share *89*
construyeron: constructed *61*
la coronilla: top of the head *53*
la corriente: tide *22*
la cosecha: harvest *61*
el curandero, -a: witch doctor,
　healer *49*
el cuy asado: roast
　guinea pig *73*
cuyo: whose *85*

D

el dardo venenoso: poisoned
　dart *49*
el delfín: dolphin *27*
desconocido, -a: unknown *45*
desenterrar: to unearth *2*
desnudo, -a: naked *6*
despellejado,-a: skinned *89*
Despiértense: Wake up *39*
destripar: to eviscerate *64*
el dibujo: design *31*

E

en lo alto: high *10*
encontraron: found *61*
envolver: to wrap *64*
Esclavizaron: They enslaved *22*
escogió: chose *73*
escondido,-a: hidden *35*
el espejismo: mirage *22*
evitar: to avoid *2*
el extraterrestre: space alien *77*

F

facilitaría: would facilitate *73*
el fardo: mummy bundle *63*
la fidelidad: faithfulness *45*
Fíjense: Look *45*
fijo,-a: fixed *10*
el flamenco: flamingo *64*
la flecha: arrow *6*
forcejeando: struggling *39*
el fuego: fire *31*
la fuga: flight *69*

G

la gallina: hen *27*
el gentío: crowd *85*
guíennos: guide us *31*

H

habia: there were *45*
el halcón: hawk *31*
la hechicería: witchcraft *89*
hechizado,-a: bewitched *69*
hervir: to boil *31*
hicieron: made *24*

la huella: track *14*
huye: flees *85*

I

imitaron: imitated *24*
inesperado,-a: unexpected *14*
inolvidable: unforgettable *6*
la inundación: flood *22*

J

jadeando: gasping *81*
junto a: next to *10*

L

la lechuza: owl *31*
la linterna: flashlight *35*
llegaron: arrived *23*
la lluvia: rain *10*
el lujo: luxury *22*

M

mareado, -a: seasick *22*
la mariposa: butterfly *21*
me coman: they eat me *39*
me reúna: join *49*
el mito: myth *77*
la mochila: backpack *18*
modelaron: modeled *61*
la momia: mummy *2*
el mueble: furniture *22*
el muelle: wharf *27*
la muñeca: doll *89*

N

nace: is born *10*
la nave espacial: spaceship *77*
la niebla: fog *31*
No tengas miedo: Don't be
    afraid *35*

P

el papel: role *49*
el par: pair *35*
la parra: vine *31*
particular: private *49*
las patitas de chancho:
    pig's feet *73*
pesaban: weighed *64*
la piedra: stone *10*
la pinza de cangrejo:
    crab claw *45*
prender fuego: to set fire *69*
presta: pay *31*
probar: to prove *53*
prometer: to promise *6*
pulir: to polish *61*

Q

¡Qué miedo!: How scary! *2*
la quena: reed flute *69*

R

la ramita: twig *53*
regatear: to bargain *89*
el relámpago: lightning *10*

S

la salpicadura: splash *35*
se ha metido: become involved *53*
secar por congelación:
    to freeze-dry *64*
la semilla: seed *61*
el sendero empinado: steep
    path *93*
el sentido: sense *99*
señal: signal *10*
señalar: to indicate *53*
el sigilo: stealth *31*
sobrevivir: to survive *56*
el sol: Peruvian money *89*
el sonido: sound *27*
sopla: blows *53*
el soroche: altitude sickness *81*
sorprendido, -a: surprised *39*

T

el taparrabo: loincloth *49*
la tarea: task *14*
el tejedor: weaver *64*
la ternura: tenderness *35*
el tesoro: treasure *45*
el testigo: witness *99*
el tocado: headdress *45*
trajeron: brought *22*
trasladar: to transfer *61*
el tronco: log *49*
el trueno: thunder *10*

V

venerado,-a: worshiped *77*